White Paper Series Zbirka Bela knjiga

THE SLOVENE LANGUAGE IN THE DIGITAL AGE

SLOVENSKI JEZIK V DIGITALNI DOBI

Simon Krek "Jožef Stefan" Institute, Amebis, d. o. o.

Georg Rehm, Hans Uszkoreit
(urednika, editors)

Editors
Georg Rehm
DFKI
Alt-Moabit 91c
Berlin 10559
Germany
e-mail: georg.rehm@dfki.de

Hans Uszkoreit
DFKI
Alt-Moabit 91c
Berlin 10559
Germany
e-mail: hans.uszkoreit@dfki.de

ISSN 2194-1416 ISSN 2194-1424 (electronic)
ISBN 978-3-642-30635-8 ISBN 978-3-642-30636-5 (eBook)
DOI 10.1007/978-3-642-30636-5
Springer Heidelberg New York Dordrecht London

Library of Congress Control Number: 2012940564

Printed on acid-free paper

Springer is part of Springer Science+Business Media (www.springer.com)

PREDGOVOR

Bela knjiga je del zbirke, s katero širimo zavedanje o jezikovnih tehnologijah in o možnostih, ki jih ponujajo. Namenjena je izobraževalcem, novinarjem, politikom, jezikovnim skupnostim in vsem ostalim, ki jih zanima jezik. Dostopnost in raba jezikovnih tehnologij v Evropi se razlikuje od jezika do jezika. V skladu s tem se dejanja, potrebna za podporo raziskovanju in razvoju, med seboj razlikujejo in so odvisna od različnih dejavnikov, na primer od zahtevnosti jezikov ali velikosti njihovih skupnosti.

V projektu META-NET, mreži odličnosti, ki jo financira Evropska komisija, smo analizirali obstoječe stanje na področju jezikovnih virov in tehnologij (glej str. 79). Analiza zajema 23 uradnih evropskih jezikov in ter nekatere druge pomembne evropske nacionalne in regionalne jezike. Rezultati analize kažejo, da pri vsakem jeziku obstaja precej vrzeli, detajlna strokovna analiza in ocena trenutnega stanja pa bo pripomogla k najboljšemu izkoristku novih raziskav in zmanjšanju s tem povezanih tveganj.

Mrežo META-NET sestavlja 54 raziskovalnih centrov iz 33 držav (stanje novembra 2011, glej str. 75). V projektu sodelujemo z déležniki iz gospodarstva (računalniška podjetja, ponudniki tehnologij, uporabniki), državnih institucij, raziskovalnih organizacij, nevladnih organizacij, jezikovnih skupnosti in evropskih univerz. Skupaj z navedenimi skupnostmi v projektu META-NET ustvarjamo skupno tehnološko vizijo in strateški raziskovalni načrt za večjezično Evropo 2020.

PREFACE

This white paper is part of a series that promotes knowledge about language technology and its potential. It addresses journalists, politicians, language communities, educators and others. The availability and use of language technology in Europe varies between languages. Consequently, the actions that are required to further support research and development of language technologies also differs. The required actions depend on many factors, such as the complexity of a given language and the size of its community.

META-NET, a Network of Excellence funded by the European Commission, has conducted an analysis of current language resources and technologies in this white paper series (p. 79). The analysis focused on the 23 official European languages as well as other important national and regional languages in Europe. The results of this analysis suggest that there are tremendous deficits in technology support and significant research gaps for each language. The given detailed expert analysis and assessment of the current situation will help maximise the impact of additional research.

As of November 2011, META-NET consists of 54 research centres from 33 European countries (p. 75). META-NET is working with stakeholders from economy (Software companies, technology providers, users), government agencies, research organisations, non-governmental organisations, language communities and European universities. Together with these communities, META-NET is creating a common technology vision and strategic research agenda for multilingual Europe 2020.

META-NET – office@meta-net.eu – http://www.meta-net.eu

Avtor se zahvaljuje dr. Marku Stabeju (Filozofska fakulteta, Univerza v Ljubljani) in dr. Tomažu Erjavcu (Institut "Jožef Stefan") za njun prispevek pri nastanku te publikacije. Poleg tega se zahvaljuje avtorjem bele knjige o nemškem jeziku za dovoljenje glede uporabe jezikovno neodvisnih delov publikacije [1].

Izdelava bele knjige je bila financirana s sredstvi Sedmega okvirnega programa in Programa za podporo razvoju politik informacijsko-komunikacijskih tehnologij Evropske komisije v okviru pogodb T4ME (sporazum o dodelitvi sredstev 249119), CESAR (sporazum o dodelitvi sredstev 271022), METANET4U (sporazum o dodelitvi sredstev 270893) in META-NORD (sporazum o dodelitvi sredstev 270899).

The author of this document would like to thank Marko Stabej (Faculty of Arts, University of Ljubljana) and Tomaž Erjavec ("Jožef Stefan" Institute) for their contributions to this white paper. Furthermore, the author is grateful to the authors of the white paper on German for permission to re-use selected language-independent materials from their document [1].

The development of this white paper has been funded by the Seventh Framework Programme and the ICT Policy Support Programme of the European Commission under the contracts T4ME (Grant Agreement 249119), CESAR (Grant Agreement 271022), METANET4U (Grant Agreement 270893) and META-NORD (Grant Agreement 270899).

KAZALO CONTENTS

SLOVENSKI JEZIK V DIGITALNI DOBI

THE SLOVENE LANGUAGE IN THE DIGITAL AGE

1

POVZETEK

V zadnjih 60 letih je Evropa postala prepoznavna politična in ekonomska danost, vendar je kulturno in jezikovno še vedno zelo raznolika. To pomeni, da se od portugalščine do poljščine, od italijanščine do islandščine neizogibno soočamo z jezikovnimi mejami pri vsakodnevni komunikaciji med prebivalci Evrope, kot tudi znotraj poslovne in politične sfere. Evropske institucije potrošijo približno milijardo evrov na leto za vzdrževanje politike večjezičnosti, torej za prevajanje besedil in za tolmačenje pri govorni komunikaciji. Pa je nujno, da takšno breme ostaja še naprej? Sodobne jezikovne tehnologije in jezikoslovne raziskave lahko pomembno prispevajo k rušenju jezikovnih meja. Kombinirane s pametnimi napravami in računalniškimi programi bodo jezikovne tehnologije v prihodnosti pripomogle, da bodo prebivalci Evrope lahko govorili drug z drugim ali skupaj poslovali, tudi če ne bodo govorili skupnega jezika.

Jezikovne tehnologije gradijo mostove.

Slovensko gospodarstvo je v juliju 2011 v države EU izvozilo 71,9 % od celotnega izvoza blaga. Nemško gospodarstvo kot največje evropsko gospodarstvo je v letu 2010 v države EU izvozilo 60,3 % blaga, z dodatnimi 10,8 % izvoza v ostale evropske države. Jezikovne meje lahko poslovanje povsem zaustavijo, kar velja predvsem za mala in srednja podjetja, ki nimajo finančnih sredstev za prilagoditev stanju. Edina (nezamisljiva) alternativa večjezični Evropi bi bila, če bi dovolili, da en jezik prevzame dominantni položaj in na koncu nadomesti vse ostale jezike. Tradicionalna pot za premagovanje jezikovnih ovir je učenje tujih jezikov. Toda brez tehnološke podpore je obvladovanje 23 uradnih in približno 60 drugih evropskih jezikov nepremostljiva ovira za evropske državljane, evropsko gospodarstvo, politične razprave in znanstveni razvoj. Rešitev je v razvoju ključnih podpornih tehnologij. Te bodo evropskim akterjem zagotovile prednost ne le v okviru skupnega evropskega trga, temveč tudi pri trgovanju s tretjimi državami, predvsem s hitro rastočimi gospodarstvi. Da bi ta cilj dosegli in ohranili evropsko kulturno in jezikovno raznolikost, je najprej treba sistematično analizirati jezikovne značilnosti vseh evropskih jezikov in trenutno stanje jezikovnotehnološke podpore za vsakega od njih. Jezikovnotehnološke rešitve bodo na koncu služile kot most med evropskimi jeziki. Orodja za strojno prevajanje in procesiranje govora, ki so na voljo na tržišču, še ne izpolnjujejo tega zahtevnega cilja. Prevladujoči igralci na tem področju so predvsem zasebna tržno usmerjena severnoameriška podjetja. Že v poznih 70-ih letih je EU prepoznala pomen jezikovnih tehnologij kot gonila evropske enotnosti in začela financirati prve raziskovalne projekte, kakršen je bil npr. EUROTRA. Hkrati se je začelo financiranje nacionalnih projektov, katerih rezultatih so bili dragoceni, toda skupna usklajena evropska akcija ni bila nikoli izpeljana. V nasprotju z omenjenimi nepovezanimi napori pri financiranju so druge večjezične družbe, kot sta Indija (22 uradnih jezikov) ali Južna Afrika (11 uradnih jezikov), v zadnjem času izdelale dolgoročne nacionalne programe raziskovanja jezikov in tehnološkega razvoja.

Jezikovne tehnologije kot ključ za prihodnost.

Sedanji prevladujoči igralci na področju jezkovnih tehnologij se zanašajo na nenatančne statistične pristope, pri katerih ne uporabljajo zahtevnejših jezikoslovnih metod in znanja. Stavki so denimo prevedeni avtomatsko zgolj s primerjavo novonastalega stavka s tisoči stavkov, ki so jih prevedli ljudje. Kvaliteta rezultata je v veliki meri odvisna od količine in kakovosti dostopnega korpusa vzorcev. Če z avtomatskim prevajanjem preprostih stavkov pri jezikih, za katere je na voljo zadostna količina besedilnega gradiva, lahko pridemo do uporabnih rezultatov, so statistične metode obsojene na neuspeh pri jezikih, za katere je na voljo precej manjša količina vzorčnega gradiva ali pri stavkih z zapleteno strukutro.

Jezikovne tehnologije pomagajo združevati Evropo.

Evropska unija je zato sklenila, da bo financirala projekte, kot sta EuroMatrix in EuroMatrixPlus (od l. 2006) in iTranslate4 (od l. 2010), v okviru katerih se izvajajo temeljne in aplikativne raziskave in ki ustvarjajo vire, potrebne za vzpostavljanje kvalitetnih jezikovnotehnoloških rešitev za vse evropske jezike. Analiza globjih strukturnih značilnosti jezikov je edina pot naprej, če želimo zgraditi aplikacije, ki dobro delujejo pri celotnem razponu evropskih jezikov. Dosedanje evropske raziskave so bile na tem področju že zelo uspešne. Prevajalske službe Evropske unije tako uporabljajo prosto dostopni strojni prevajalnik MOSES, ki je bil razvit pretežno v okviru evropskih raziskovalnih projektov.

Po dosedanjih dognanjih se zdi, da bodo današnje "hibridne" jezikovne tehnologije, pri katerih se zahtevnejša analitična obdelava meša s statističnimi metodami, lahko premostile vrzeli med vsemi evropskimi jeziki ter med drugimi jeziki. Kot kaže ta zbirka belih knjig, med članicami Evropske unije v zvezi z jezikovnimi rešitvami in stanjem raziskav obstajajo dramatične razlike glede pripravljenosti. Po natančnem pregledu in primerjavi z drugimi jeziki lahko ugotovimo, da je stanje pri jezikovnih tehnologijah in virih za slovenščino dokaj zaskrbljujoče, in sicer iz dveh razlogov. Prvi razlog je razumljiv in izhaja iz števila govorcev slovenščine. Teh je približno 2 milijona, kar ne zagotavlja, da bi se viri in tehnologije lahko razvijali zgolj znotraj komercialnega okolja. Na drugi stani država Slovenija oz. institucije, ki znotraj slovenske jezikovne skupnosti skrbijo za razvoj jezika, v zadnjem desetletju niso uspele zagotoviti ustreznega institucionalnega okvira, kjer bi potekal načrten in sistematičen dolgoročni razvoj tehnologij, virov in orodij, ki so jezikovno specifični. Brez tega ni mogoče pričakovati, da bo slovenščina obdržala enakovreden status v prihodnjem digitalnem okolju. Posledica pomanjkanja trajnega institucionalnega okvira je tudi ta, da je v slovenskem akademskem okolju študij računalniškega procesiranja naravnih jezikov bistveno premalo prisoten. Najpomembnejši korak pri zagotavljanju kvalitetnih jezikovnih tehnologij in virov za slovenščino bi bila torej čimprejšnja izdelava programa njihovega razvoja in zagotovitev ustreznega institucionalnega okvira, ki bi ta program izvajal. Dolgoročni cilj mreže META-NET je uvedba kakovostnih jezikovnih tehnologij za vse jezike, da bi vzpostavili politično in ekonomsko enotnost skozi kulturno različnost. Tehnologije bodo pomagale podreti zidove in zgraditi mostove med evropskimi jeziki. Za to je potrebno, da vsi deležniki – v politiki, raziskovanju, gospodarstvu in v družbi – združijo svoje napore za prihodnost.

Zbirka Bela knjiga dopolnjuje strateške akcije, ki jih izvaja mreža META-NET (za pregled glej prilogo). Sveže informacije, kot npr. zadnjo verzijo Strateške vizije [2] ali Strateški raziskovalni načrt, je mogoče najti na spletni strani mreže META-NET: http://www.meta-net.eu.

2

TVEGANJE ZA NAŠE JEZIKE IN IZZIV ZA JEZIKOVNE TEHNOLOGIJE

Priča smo digitalni revoluciji, ki korenito spreminja komunikacijske navade in družbo nasploh. Najnovejše dosežke na področju digitalnih informacijskih in komunikacijskih tehnologij včasih primerjajo z Gutenbergovim izumom tiskarskega stroja. Toda kaj nam ta primerjava lahko pove o prihodnosti evropske informacijske družbe, zlasti pa o naših jezikih?

> Priča smo digitalni revoluciji, ki jo je mogoče primerjati z Gutenbergovim izumom tiskarskega stroja.

Po Gutenbergovem izumu je šele ob dejanjih, kot je bil Lutherjev prevod Biblije v vernakularni jezik, sledil preboj v komunikaciji in izmenjavi znanja. V naslednjih stoletjih so se razvile kulturne tehnike, ki so izpopolnile procesiranje jezika in izmenjavo znanja:

- pravopisna in slovnična standardizacija večjih jezikov je omogočila hitro širjenje novih znanstvenih in intelektualnih idej;
- razvoj uradnih jezikov v okviru določenih (pogosto političnih) meja je njihovim prebivalcem olajšal komuniciranje;
- s poučevanjem jezikov in prevajanjem so bile ustvarjene možnosti za izmenjavo med jeziki;
- nastanek uredniških in bibliografskih smernic je zagotovil kvaliteto in dostopnost tiskanega gradiva;
- nastanek različnih medijev, kot so časopisi, radio, televizija, knjige in ostali formati, je zadovoljil različne komunikacijske potrebe.

V zadnjih dvajsetih letih je informacijska tehnologija prispevala k avtomatizaciji in izboljšanju mnogih od omenjenih procesov:

- programi za namizno založništvo so nadomestili tipkanje in tiskarsko stavljenje;
- Microsoftov PowerPoint je nadomestil grafoskope in prosojnice;
- e-pošta omogoča hitrejše pošiljanje in prejemanje dokumentov kot faksirni stroj;
- Skype ponuja poceni internetne telefonske pogovore in gosti virtualne sestanke;
- formati za kodiranje avdia in videa omogočajo preprosto izmenjavo multimedijskih vsebin;
- spletni iskalniki zagotavljajo dostopnost spletnih strani na podlagi ključnih besed;
- spletni servisi kot Google Translate ponujajo hitre približne prevode;
- okolja družabnih omrežij, kot so Facebook, Twitter in Google+ lajšajo komunikacijo, sodelovanje in izmenjavo informacij.

Čeprav so ta orodja in programi v veliko pomoč, še vedno niso zmožni podpirati trajnostno naravnane, večjezične evropske družbe, v kateri je vsem pripadnikom omogočen prost pretok informacij in blaga.

2.1 JEZIKOVNE MEJE OVIRAJO EVROPSKO INFORMACIJSKO DRUŽBO

Nemogoče je natančno napovedati, kakšna bo videti bodoča informacijska družba. Vendar je hkrati mogoče reči, da revolucija na področju komunikacijskih tehnologij na nov način združuje ljudi, ki govorijo različne jezike. Posamezniki so s tem izpostavljeni pritisku, da se učijo druge jezike, razvijalci pa v še večji meri temu, da ustvarijo nove tehnološke izdelke, ki omogočajo medsebojno razumevanje in dostop do skupnega znanja. V globalnem gospodarskem in informacijskem prostoru je z novimi vrstami medijev stik med več jeziki, govorci in vsebinami vse hitrejši. Trenutna popularnost družabnih medijev (Wikipedia, Facebook, Twitter, YouTube in v zadnjem času Google+) je le vrh ledene gore.

Zaradi globalnega gospodarskega in informacijskega prostora smo soočeni z vedno več jeziki, govorci in vsebinami.

Danes lahko prenašamo gigabajte besedila okrog sveta v nekaj sekundah, še preden se zavemo, da je besedilo v jeziku, ki ga ne razumemo. Sodeč po nedavni raziskavi Evropske komisije 57 % uporabnikov interneta v Evropi kupuje blago in storitve v jeziku, ki ni njihov materni jezik. (Najbolj pogost tuji jezik je angleščina, ki mu sledijo francoščina, nemščina in španščina.) 55 % uporabnikov bere vsebine v tujem jeziku, a le 35 % uporablja tuji jezik pri pisanju elektronskih sporočil ali spletnih komentarjev [3]. Pred nekaj leti je bila angleščina morda res lingua franca na spletu – velika večina spletnih vsebin je bila v angleščini – toda stanje se je zdaj korenito spremenilo. Količina spletnih vsebin v drugih evropskih jezikih (tudi azijskih in jezikih Srednjega vzhoda) je skokovito narasla.

Začuda ta vseprisotna digitalna vrzel kot posledica jezikovnih meja v javnosti ni zbudila veliko pozornosti; kljub temu pa izpostavlja zelo pereče vprašanje: kateri evropski jeziki bodo v omreženi informacijski družbi znanja dobro uspevali in kateri so obsojeni na izginotje?

2.2 NAŠI JEZIKI SO OGROŽENI

Medtem ko je tiskarski stroj prispeval k povečanju obsega izmenjave informacij v Evropi, je obenem pripomogel tudi k izginotju mnogih evropskih jezikov. Regionalni in manjšinski jeziki so redko prišli do tiskane oblike in jeziki, kot sta kornijski ali dalmatinski, so bili omejeni le na prenos govorjene oblike, kar je povzročilo, da so bili rabljeni manj in manj. Bo internet imel enak vpliv na naše jezike?

Raznolikost evropskih jezikov je ena od najbogatejših in najpomembnejših kulturnih dragocenosti Evrope.

Približno 80 evropskih jezikov je ena najbogatejših in najpomembnejših kulturnih dragocenosti Evrope in ključni del njenega edinstvenega družbenega modela [4]. Medtem ko bosta angleščina in španščina zagotovo preživela na nastajajočem digitalnem tržišču, mnogi evropski jeziki v omreženi družbi lahko postanejo nepomembni. To bi ošibilo globalni položaj Evrope in bi bilo v nasprotju s strateškim ciljem zagotavljanja možnosti enakopravne udeležbe za vse državljane ne glede na jezik.

Kot ugotavlja UNESCO v poročilu o večjezičnosti, je jezik osnovni medij uživanja enakih pravic, kot je pravica do političnega izražanja, izobrazbe in sodelovanja pri javnih zadevah [5].

2.3 JEZIKOVNE TEHNOLOGIJE SO KLJUČNE PODPORNE TEHNOLOGIJE

V preteklosti se je investiranje v ohranjanje jezika osredotočalo na poučevanje jezika in prevajanje. V skladu z eno od ocen je bil v letu 2008 evropski trg prevajanja, tolmačenja, lokalizacije programske opreme in globalizacije spletnih strani vreden 8,4 milijarde evrov, pričakuje pa se, da bo letno naraščal za 10 odstotkov [6]. Ta številka pokriva le manjši del sedanjih in prihodnjih potreb po medjezikovnem komuniciranju. Najbolj prepričljiva rešitev, ki bi zagotovila tako obseg kot doseg rabe jezikov v Evropi tudi v prihodnje, je uporaba primerne tehnologije, podobno kot uporabljamo tehnologijo pri transportu in energetiki, ali denimo pri pomoči osebam s posebnimi potrebami.

Evropa potrebuje robustne in dostopne jezikovne tehnologije za vse evropske jezike.

Digitalne jezikovne tehnologije (katerih cilj so vse oblike pisnega in govorjenega jezika) ljudem pomagajo pri sodelovanju, poslovanju, izmenjavi znanja in udeleževanju v družabnih in političnih razpravah ne glede na jezikovne meje ali obvladovanje računalnika. Tehnologije so pogosto nevidne kot del zapletenih računalniških sistemov, ki nam pomagajo:

- najti informacije s pomočjo spletnih iskalnikov;
- preverjati črkovanje ali slovnično ustreznost v urejevalnikih besedil;
- pregledovati priporočila o izdelkih v spletnih trgovinah;
- poslušati govorjena navodila v navigacijskih sistemih v avtomobilu;
- prevajati spletne strani s spletnimi prevajalniki.

Jezikovne tehnologije sestavlja večje število jedrnih aplikacij, ki omogočajo procesiranje jezika v okviru večjih programskih sistemov. Namen zbirke Bela knjiga v projektu META-NET je preverjanje stanja jedrnih tehnologij za vse evropske jezike.

Evropa bo potrebovala jezikovne tehnologije, prilagojene za vse evropske jezike, ki bodo hkrati robustne, dostopne in polno integrirane v ključna programska okolja, če želimo obdržati svoj položaj v prvih vrstah. Brez jezikovnih tehnologij ne bomo mogli doživeti resnično učinkovite interaktivne, večpredstavne in večjezične uporabniške izkušnje v bližnji prihodnosti.

2.4 PRILOŽNOSTI ZA JEZIKOVNE TEHNOLOGIJE

V svetu tiska je hitro razmnoževanje slike besedila (knjižne strani) predstavljalo pravi tehnološki preboj – ob uporabi tiskarskega stroja na primeren pogon. Kljub temu so ljudje še vedno morali opravljati naporno delo pregledovanja, branja, prevajanja ali povzemanja znanja. Treba je bilo počakati na Edisona, da je bilo mogoče shraniti govorjeni jezik – toda njegova tehnologija je omogočala zgolj izdelavo analognih kopij.

Z digitalnimi jezikovnimi tehnologijami je zdaj mogoče avtomatizirati procese prevajanja, ustvarjanja vsebin in upravljanja z znanjem za vse evropske jezike. Z njimi je mogoče tudi opremljati intuitivne tekstovne ali govorne vmesnike v gospodinjskih aparatih, strojih, vozilih, računalnikih in robotih. Dejanska komercialna in industrijska uporaba tehnologij je še v zgodnjih fazah razvoja, toda z raziskovalnimi dosežki se odpira pravo okno priložnosti. Strojno prevajanje, na primer, je na omejenih področjih že zadovoljivo natančno, poskusne aplikacije pa zagotavljajo večjezično upravljanje z informacijami in znanjem za mnoge evropske jezike.

Tako kot pri večini tehnologij so bile prve uporabne aplikacije, kot so govorni uporabniški vmesniki ali sistemi dialoga, razvite za ozko specializirana področja in njihova uporabnost je bila pogosto dokaj omejena. Tržne priložnosti pa se odpirajo v izobraževalni in zabavni industriji z vključevanjem jezikovnih tehnologij v igre, spletne informacije o kulturni dediščini, zabavne izobraževalne pakete (*edutainment*), knjižnice, simulacijska okolja in programe za usposabljanje. Mobilne informacijske storitve, programska oprema za učenje jezikov s pomočjo računalnika, e-izobraževalna okolja, orodja za samoevalvacijo in programi za odkrivanje plagiatorstva so le nekatera od področij, kjer jezikovne tehnologije lahko odigrajo pomembno vlogo. Popularnost družabnih omrežij, npr. Twitterja in Facebooka, kaže, da obstajajo potrebe po zahtevnejših jezikovnih tehnologijah, ki omogočajo spremljanje objav, povzemanje razprav, detekcijo mnenjskih trendov, zaznavanje čustvenih odzivov, prepoznavanje kršenja avtorskih pravic ali spremljanje zlorab.

Jezikovne tehnologije so izjemna priložnost za Evropsko unijo. Pomagajo lahko pri razreševanju zahtevnih vprašanj evropske večjezičnosti – dejstva, da v evropskih poslovnih okoljih, organizacijah in šolah naravno sobivajo različni jeziki. Toda državljani se morajo sporazumevati tudi izven jezikovnih meja, ki prečijo evropski skupni trg, in jezikovne tehnologije lahko pripomorejo pri odstranjevanju te zadnje ovire, pri čemer hkrati tudi podpirajo svobodno in odprto rabo posameznih jezikov.

Jezikovne tehnologije pomagajo pri premagovanju "hendikepiranosti" zaradi jezikovne različnosti.

Če se ozremo celo dlje, bodo inovativne evropske večjezične jezikovne tehnologije postavile merila za naše partnerje po svetu, ko bodo ti začeli vzpostavljati svoje večjezične skupnosti. Jezikovne tehnologije je mogoče dojeti kot eno od oblik "tehnologij za izboljšanje kakovosti življenja", ki pomagajo pri premagovanju "hendikepiranosti" zaradi jezikovne različnosti in jezikovnim skupnostim omogočajo medsebojni dostop.

Eno od dejavnih področij raziskovanja je nenazadnje tudi uporaba jezikovnih tehnologij pri reševalnih operacijah na prizadetih območjih, kjer uspešno delovanje lahko odloča o življenju in smrti. Bodoči inteligentni roboti s sposobnostjo večjezične komunikacije bodo dejansko lahko reševali tudi življenja.

2.5 IZZIVI ZA JEZIKOVNE TEHNOLOGIJE

Čeprav so jezikovne tehnologije v zadnjih letih precej napredovale, sta tehnološki razvoj in uveljavljanje inovativnih proizvodov prepočasna. Splošno razširjene tehnologije, kot so črkovalniki in slovnični moduli v urejevalnikih besedil, so tipično enojezični in na voljo le za peščico jezikov.

Tehnološki razvoj je trenutno prepočasen.

Spletni strojni prevajalni sistemi se ob zahtevi po natančnih in dokončnih prevodih spopadajo z množico težav, čeprav so uporabni za hitro tvorjenje približne vsebine dokumentov. Zaradi zapletenosti človeškega jezika je računalniško modeliranje jezikov in testiranje v realnih okoliščinah dolg in drag proces, ki potrebuje dolgoročno finančno podporo. Ob soočanju z izzivi večjezične družbe mora Evropa vztrajati pri svoji pionirski vlogi in si zamisliti nove metode pospeševanja razvoja po svojem celotnem zemljevidu. Te metode lahko vključujejo tako napredek znotraj računalništva kot tudi tehnike, kakršna je izkoriščanje moči množice (*crowdsourcing*).

2.6 USVAJANJE JEZIKA PRI LJUDEH IN STROJIH

Da bi prikazali, kako računalniki obvladujejo jezik in zakaj jih je težko sprogramirati tako, da bi ga uspešno uporabljali, najprej poglejmo, kako ljudje usvajajo prvi ali drugi jezik, potem pa še načine, kako delujejo jezikovnotehnološki sistemi.

Ljudje osvojijo jezikovne spretnosti na dva načina. Dojenčki jezik usvajajo s spremljanjem realne komunikacije med starši, brati in sestrami ali drugimi družinskimi člani. Od drugega leta naprej otroci začnejo izgovarjati prve besede in kratke zveze. To je možno zato, ker so ljudje genetsko nagnjeni k oponašanju in kasnejšemu racionaliziranju tega, kar slišijo.

Učenje drugega jezika v kasnejših letih zahteva več napora, predvsem zato, ker otrok ni del jezikovne skupnosti maternih govorcev. V šoli usvajanje tujih jezikov običajno poteka ob učenju slovničnih struktur, besedišča in izgovorjave, z uporabo vaj, ki opisujejo jezikovna dejstva v obliki abstraktnih pravil, tabel in primerov. Učenje tujih jezikov torej z leti postane vse težje.

> Ljudje usvajajo jezikovne spretnosti na dva načina: z učenjem primerov in z učenjem prikrikih jezikovnih pravil.

Pri dveh glavnih tipih jezikovnotehnoloških sistemov "usvajanje" jezikovnih zmožnosti poteka na podoben način. Pri statističnem (ali "podatkovnem") pristopu jezikovno znanje izvira iz ogromnih zbirk konkretnih primerov besedil. Za učenje strojnih mehanizmov za potrebe črkovalnikov, na primer, zadostujejo besedila v enem jeziku, za učenje strojnih prevajalnikov pa morajo biti na voljo vzporedna besedila v dveh (ali več) jezikih. Algoritmi strojnega učenja potem "povzamejo" vzorce, s katerimi so prevedene besede, kratke zveze ali celi stavki. Pri statističnem pristopu moramo imeti na voljo na milijone stavkov, kakovost pa narašča s količino analiziranih besedil. To je eden od razlogov, zakaj ponudniki spletnih iskalnikov skušajo zbrati kolikor je mogoče veliko gradiva. Črkovalniki v urejevalnikih besedil in servisi, kot sta Google Search ali Google Translate, se vsi opirajo na statistični pristop. Velika prednost statistike je ta, da se strojni mehanizmi učijo hitro v ponavljajočih se učnih ciklih, kljub temu da kvaliteta potem lahko variira na nepredvidljiv način.

Drugi pristop k jezikovnim tehnologijam in predvsem strojnemu prevajanju je izdelava sistemov na podlagi pravil (*rule-based systems*). Strokovnjaki s področja jezikoslovja, računalniškega jezikoslovja in računalništva morajo najprej pretvoriti slovnične analize v sistem (pravila prevajanja) in sestaviti spiske besed (leksikone). To zahteva veliko časa in izjemen napor. Nekateri od vodilnih strojnih prevajalnikov na podlagi pravil so v procesu nenehnega dopolnjevanja že več kot dvajset let. Velika prednost sistemov na podlagi pravil pa je ta, da imajo strokovnjaki podrobnejši nadzor nad procesiranjem jezika. To omogoča, da lahko napake v sistemu sistematično odpravljajo in uporabniku ponudijo podrobno povratno informacijo, predvsem kadar se taki sistemi uporabljajo za poučevanje jezika. Zaradi visokih stroškov potrebnega dela pa so bile jezikovne tehnologije, ki temeljijo na pravilih, razvite le za največje jezike.

Ker se prednosti in slabosti pri obeh pristopih, statističnem in pri sistemih na podlagi pravil, dopolnjujejo, se raziskave trenutno osredotočajo na hibridne pristope, ki kombinirajo obe medotologiji. Toda ti pristopi so bili v industrijskih aplikacijah precej manj uspešni kot v raziskovalnih laboratorijih.

Kot smo videli v tem poglavju, mnoge aplikacije, ki jih v današnji informacijski družbi vsakodnevno uporabljamo, ne morejo delovati brez uporabe jezikovnih tehnologij. To zaradi večjezične skupnosti še toliko bolj drži za evropski gospodarski in informacijski prostor. Čeprav je bil pri jezikovnih tehnologijah v zadnjih nekaj letih narejen precejšen korak naprej, imajo jezikovnotehnološki sistemi še vedno precejšnje možnosti za izboljšanje kvalitete.

V naslednjem poglavju opisujemo vlogo slovenščine v evropski informacijski družbi in trenutno stanje jezikovnih tehnologij za slovenščino.

3

SLOVENŠČINA V EVROPSKI INFORMACIJSKI DRUŽBI

3.1 SPLOŠNI PODATKI

Po ocenah približno 2,5 milijona ljudi po svetu govori ali razume slovenski jezik, od teh jih velika večina živi v Republiki Sloveniji ali na mejnih območjih v Italiji, Avstriji in na Madžarskem. Na zadnjem popisu prebivalstva leta 2002 je 87,8 % prebivalcev Slovenije – takrat v skupnem številu nekaj manj kot 2 milijona – izjavilo, da je slovenščina njihov materni jezik, nadaljnje 3,3 % prebivalstva pa je izjavilo, da doma uporabljajo slovenščino kot jezik vsakdanje komunikacije. To pomeni, da je skupaj 91,1 % prebivalcev uporabljalo slovenščino kot prvi jezik, ta številka pa Slovenijo postavlja v skupino držav v EU z eno najbolj homogenih jezikovnih situacij. Od ostalih jezikovnih skupin so daleč najbolj številni materni govorci jezikov bivše Jugoslavije, pri čemer 3,3 % prebivalcev v vsakdanji komunikaciji uporablja kombinacijo slovenščine in svojega maternega jezika, nadaljnji odstotek pa le svoj materni jezik – bosanščino, hrvaščino, srbščino ali črnogorščino. Med številčnejšimi skupnostmi so še govorci albanščine, makedonščine in romskega jezika [7].

Podobno kot v drugih primerih v evropski zgodovini je zapleten tok dogodkov v preteklosti privedel do stanja, da pripadniki dokaj velikih slovenskih manjšin živijo v Italiji v pokrajini Furlanija – Julijska krajina, v avstrijskih zveznih deželah Koroška in Štajerska ter na mejnih območjih na Madžarskem in v hrvaški Istri. Hkrati pripadniki italijanske in madžarske manjšine živijo v Sloveniji na mejnih območjih z Italijo in Madžarsko. Ustava obema manjšinama zagotavlja pravico do uporabe maternega jezika, saj določa, da je uradni jezik v Sloveniji slovenščina in da sta "na območjih občin, v katerih živita italijanska ali madžarska narodna skupnost", uradna jezika tudi italijanščina oz. madžarščina.

V ostalih delih sveta so večje skupnosti izseljencev iz Slovenije v ZDA, Kanadi, Argentini in Avstraliji. V prvem primeru gre predvsem za nasledek večjih valov ekonomske emigracije v drugi polovici 19. stoletja do prve svetovne vojne, v ostalih treh primerih pa za politično emigracijo po drugi svetovni vojni, ko je Slovenija postala del socialistične Ljudske republike Jugoslavije. Obe skupnosti, zamejske Slovence in izseljence, podpira Urad Vlade Republike Slovenije za Slovence v zamejstvu in po svetu, ki ga vodi minister brez listnice, kar – glede na visoki ministrski položaj – kaže na visoko raven skrbi za Slovence po svetu.

Medtem ko prvi pisni viri, ki so bili prepoznani kot slovenščina, segajo v pozno 10. stoletje, je bil jezik prvič standardiziran in opisan v času protestantske reformacije v 16. stoletju. Leta 1550 je protestantski reformist Primož Trubar izdal prvi dve slovenski knjigi "Catechismus" in "Abecedarium". Drugi dve najpomembnejši protestantski deli sta bili Biblija, ki jo je v slovenščino prevedel Jurij Dalmatin, ter slovenska slovnica Adama Bohoriča – obe deli sta bili izdani v letu 1584. V drugi polovici 19. stoletja je bil proces standardizacije v veliki meri zaključen, ko je bila splošno sprejeta pisava gajica.

Najbolj očitna razlika med novo pisavo in bohoričico, ki je bila v rabi prej, je bila menjava črk "ſ" s "s" in "s" z "z", ter črkovnih sklopov "zh", "ſh", "sh" z novimi črkami č, š, ž, ki so tudi danes del standardne slovenske abecede s 25 črkami.

Poleg pogosto negotovih političnih okoliščin, ki so ovirale rabo slovenščine na vseh področjih življenja – zgodovinsko je bilo področje del večjih političnih skupnosti, pogosto s težnjami po centralizaciji in enojezičnosti – je bil razvoj standardne slovenščine težaven tudi zaradi nenavadno velikega števila narečij glede na razmeroma majhno število govorcev in velikost področja, kjer se ta uporabljajo. Prepoznanih je bilo več kot 40 narečij v sedmih večjih narečnih skupinah, kar povzema ljudski rek, da ima "vsaka vas svoj glas".

> Sodobna standardna slovenščina je v veliki meri še vedno dojeta kot pisni jezik.

Sodobna standardna slovenščina je tako v veliki meri še vedno dojeta kot pisni jezik, medtem ko govorjeno slovenščino sestavlja množica govorjenih variant, ki jih določa regionalna in narečna pripadnost, starostna skupina, stopnja izobrazbe in drugi demografski dejavniki. Regionalni standardi obstajajo in so v rabi tudi v javnem govoru, najbolj prestižno obliko govora – zborno izreko – pa uporabljajo bolj ali manj le profesionalni govorci na nacionalnem radiu in televiziji ter na uradnih javnih prireditvah.

3.2 ZNAČILNOSTI SLOVENSKEGA JEZIKA

Prepoznavna značilnost slovenščine, ki ima posledice tudi za računalniško procesiranje naravnega jezika, je ohranjanje dvojine kot slovničnega števila pri sklanjanju samostalnikov, pridevnikov, zaimkov in števnikov ter pri spreganju glagolov. Slovenščina je eden od zelo redkih indoevropskih jezikov, pri katerih je ta lastnost preživela razvoj od hipotetičnega protoindoevropskega jezika. Dvojina je pri veliki večini samostalnikov torej izražena z različnimi obrazili (glej Tabelo 1).

Od ostalih lastnosti slovenski samostalniki izkazujejo šest sklonov v treh spolih, ki se pregibajo glede na več sklanjatvenih vzorcev. To pomeni, da obstaja cela množica pregibnih samostalniških oblik. Pri pridevnikih je stanje celo bolj zapleteno, saj pridevniki poleg spola, sklona in števila lahko izražajo tudi stopnjo in določnost. En sam slovenski pridevnik, npr. "pameten", lahko tako izkazuje nič manj kot 164 različnih pregibnih oblik, kjer ima denimo angleščina le tri: "wise", "wiser", "wisest". Lahko si je predstavljati, kakšen napor je zato potreben pri učenju slovenščine kot tujega jezika, s tehnološkega stališča pa to pomeni, da se morajo oblikoslovni označevalniki in skladenjski razčlenjevalniki za slovenščino spopasti z naborom oblikoskladenjskih oznak, ki vsebujejo skoraj 2.000 slovničnih oznak. Tako ni čudno, da so nekateri angleško govoreči tuji govorci slovenščino poimenovali "nekaj med matematiko in jezikom", saj niso navajeni izračunavati oblike glede na tri spole, tri števila in šest sklonov, preden lahko izrečejo prvi stavek. Pri seminarjih, kjer se poučuje slovenščina kot tuji jezik, so bile zato razvite učne strategije s ciljem, da se učeči razbremenijo tega oblikoslovnega napora.

Če na isto lastnost pogledamo z drugega zornega kota, si je zanimivo ogledati podatke o pogostosti rabe oblik s posameznim slovničnim številom. Študije so pokazale, da je dvojina v besedilih uporabljena pri manj kot 1 % samostalnikov, ednina v 75 % in množina v ostalih primerih. V primerjavi s samostalniki so glagoli bolj "dvojinski" z 2,7 % oblik v dvojini. A ker je dvojina rabljena pri relativno majhnem številu oblik, to morda kaže, zakaj je postopoma izginila v drugih jezikih – ta proces pa je zdaj mogoče opazovati tudi pri slovenščini.

Ker ima slovenščina veliko število pregibnih oblik, je mogoče predvidevati, da besedni red v stavkih ne bo zelo

	ednina	dvojina	množina
stol (m. sp.)	stol	stola	stoli
miza (ž. sp.)	miza	mizi	mize
okno (s. sp.)	okno	okni	okna

1: Značilnost slovenščine je ohranjanje slovničnega števila dvojine

strogo določen. Tako kot pri večini slovanskih jezikov je stavčne člene mogoče najti takorekoč na vseh mestih v stavku, te pozicije pa je mogoče tudi menjati. Postavljanje členov na različna mesta v stavku pa pomeni, da bomo s tem poudarili različne elemente, ta pojav včasih imenujemo "členitev po aktualnosti". Iz preprostega stavka s petimi besedami *Eva je Adamu dala jabolko*, ki ga sestavljajo osebek, predmeta v tožilniku in v dajalniku ter povedek, sestavljen iz pomožnega glagola "biti" in deležnika, ki tvorita glagolsko obliko za pretekli čas, je mogoče sestaviti nič manj kot 120 permutacij. Nekatere od teh je mogoče uporabiti za tvorbo vprašanj, nekatere zvenijo nekoliko nenavadno, nekatere bi bilo mogoče uporabiti le v pesniškem besedilu, skoraj vse pa so legitimne za uporabo v takem ali drugačnem sobesedilu.

Besedni red v slovenščini ni strogo določen, temveč je odvisen od tega, kateri stavčni element želimo poudariti.

Če preverimo le nekaj možnosti:

- *Eva je Adamu dala jabolko.*
  [zaporedje, najbližje nevtralnemu besednemu redu]
- *Eva je dala jabolko Adamu.*
  [poudarek: Adam je bil tisti, ki mu je Eva...]
- *Adamu je Eva dala jabolko.*
  [poudarek: jabolko je bilo tisto, kar... (in Adam je bil tisti, ki mu je Eva...)]
- *Adamu je jabolko dala Eva.*
  [poudarek: Eva je bila tista, ki... (in Adam je bil tisti, ki mu je Eva...)]
- *Jabolko je Eva dala Adamu.*
  [poudarek: Adam je bil tisti, ki mu je Eva... (in jabolko je tema stavka)]
- *Jabolko je Adamu dala Eva.*
  [poudarek: Eva je bila tista, ki je Adamu... (in jabolko je tema stavka)]

Zahtevne oblikoslovne lastnosti slovenščine ter vprašanje prostega besednega reda ter členitve po aktualnosti vplivajo na delovanje vseh jezikovnotehnoloških aplikacij za slovenščino, skupaj z dokaj zapletenim razmerjem med govorjenim in pisnim jezikom, opisanim v preteklem poglavju.

3.3 RAZVOJ V ZADNJEM ČASU

V kolektivnem spominu govorcev slovenščine so trije jeziki, s katerimi je bil v zgodovini vzpostavljen poseben odnos, vsi pa so povezani z državnimi tvorbami, katerim so v različnih zgodovinskih obdobjih pripadala območja s slovensko govorečim prebivalstvom. Ker je večina slovenskega ozemlja od časov pred prvimi standardizacijskimi napori v 16. stoletju pa vse do l. 1918 spadala v države pod vladavino Habsburžanov, je bil prvi in najpomembnejši tovrstni jezik nemščina. Habsburška monarhija je bila država, ki so jo sestavljale številne nacionalne in etnične skupine, njena prevladujoča jezikovna politika pa je bila neke vrste antinacionalistična večjezičnost. To je pomenilo, da obstoj ali obvladovanje različnih jezikov nista bila problematizirana, dokler to ni imelo emacipatoričnih protimonarhičnih implikacij. Proces standardizacije pisne slovenščine v

18. in 19. stoletju sta torej v marsičem določala na eni strani nacionalni emancipatorični naboj, na katerega je nemško govoreči vladajoči sloj gledal z globokim nezaupanjem, ter na drugi strani napor, da bi pri rabi jezika avtentično slovansko jedro osvobodili nemškega vpliva tako v besedišču kot pri slovnici, predvsem z izposojanjem iz drugih slovanskih jezikov namesto iz nemščine ali z izumljanjem novega besedišča, kjer drugi zgledi niso bili na voljo. Ta proces je definiral osnovni vzorec, na katerega govorci slovenščine obravnavajo dominantni jezik širšega okolja.

V kolektivnem spominu govorcev slovenščine so trije jeziki, s katerimi je bil v zgodovini vzpostavljen poseben odnos: nemščina, srbohrvaščina in angleščina.

Po prvi svetovni vojni in razpadu Avstro-Ogrske je večina ozemlja s slovensko govorečim prebivalstvom postala del nove državne tvorbe z imenom Kraljevina Srbov, Hrvatov in Slovencev, ki se je kasneje preimenovala v Kraljevino Jugoslavijo, ta pa se je po drugi svetovni vojni preoblikovala v Socialistično federativno republiko Jugoslavijo. Z novim okoljem je prišel tudi novi dominantni jezik okolja, ki je bil na sebi zanimiv jezikovni pojav, sestavljen po jezikoslovnih naporih v 19. stoletju kot kombinacija hrvaških, srbskih in drugih narečij. V času Jugoslavije se je imenoval srbohrvaščina, po njenem razpadu pa se je razdelil na nič manj kot štiri različne jezike. Čeprav so ti jeziki jezikoslovno pravzaprav najbolj sorodni slovenščini, so bolj normativno naravnani jezikoslovci v času Jugoslavije skrbno preverjali, katero besedišče in skladenjske strukture bi bilo mogoče identificirati kot srbohrvaško, večina slovenskega prebivalstva pa se je jezika naučila vsaj pasivno v šoli, preko televizije, revij, stripov, glasbe in drugih popularnih medijev tega obdobja. Moški del prebivalcev se je s srbohrvaščino srečal tudi med enoletnim obveznim služenjem vojaškega roka v Jugoslovanski ljudski armadi.

Stanje se je radikalno spremenilo, ko so bile po razglasitvi neodvisnosti Slovenije in z začetkom vojne na Hrvaškem in v Bosni na začetku 90-ih pretrgane vezi z drugimi deli bivše Jugoslavije. Danes po dvajsetih letih večina mlajše populacije v Sloveniji teh jezikov ne govori, vloga srbohrvaščine kot domnevno ogrožajočega jezika pa je bolj ali manj minila. Toda s širitvijo interneta, procesom globalizacije in z vstopom Slovenije v Evropsko unijo l. 2004 je to vlogo po nujnosti prevzela angleščina. V zadnjem času potekajo številne debate, ali angleščina vdira v slovenščino in jo izkrivlja, poleg izražanja splošne zaskrbljenosti pa se razprave osredotočajo na nekaj področij, kot so imena novoustanovljenih podjetij, ki morajo biti "v slovenskem jeziku" ter na upad rabe slovenščine v določenih sferah, kot je denimo visoko šolstvo in raziskovanje.
Poleg najbolj perečega vprašanja "anglizmov" bolj normativne reakcije proti onesnaževanju jezika še vedno vključujejo tudi "srbohrvatizme" (čeprav mlajše generacije v mnogih primerih ne prepoznavajo več njihovega srbskega oz. hrvaškega izvora), medtem ko so nekatere popačene izposojenke iz nemščine ali "nemcizmi", kot npr. "šefla" /*Schöpfkelle*/ ali "šraufenciger"/ *Schraubenzieher*/, preživele v govorjenem jeziku, v standardnem pisnem jeziku pa jih najdemo le redko. Različni "-izmi" pa so kot značilnost vmesnega jezika med govorjenim in bolj nadzorovanim standardnim jezikom razmeroma pogosto v rabi na spletnih forumih, blogih, kratkih sporočilih in v drugih oblikah novih medijev.

3.4 SKRB ZA JEZIK V SLOVENIJI

Za jezike z relativno majhnim številom govorcev je značilno, da so njihove jezikovne skupnosti občutljive glede rabe jezika, zato je tudi v Sloveniji jezikovna politika na več področjih bolj nadzorovalna kot morda pri večjih jezikovnih skupnostih. Osrednja institucija, ki ima deklarirano vlogo skrbnika slovenskega jezika, je Inštitut za slovenski jezik Frana Ramovša v okviru

Znanstvenoraziskovalnega centra Slovenske akademije znanosti in umetnosti. Inštitut izdaja slovarje in druge jezikovne priročnike za slovenščino, s "pravopisom" kot osrednjo publikacijo, ki določa želeno in standardizirano rabo pisnega (in do neke mere tudi govorjenega) jezika. Zadnja verzija pravopisa je bila objavljena l. 2001 in je dostopna tudi na spletu [8].

Osrednja institucija, ki ima deklarirano vlogo skrbnika slovenskega jezika, je Inštitut za slovenski jezik Frana Ramovša.

Poleg določila v 11. členu Ustave Republike Slovenije, da je "uradni jezik v Sloveniji slovenščina", rabo slovenščine določata še dva posebna zakona. Najpomembnejši je Zakon o javni rabi slovenščine, sprejet l. 2004, ki med drugim v 28. členu zahteva, da se drugi pravni akt o rabi jezika, Resolucija o nacionalnem programu za jezikovno politiko, posodablja na vsakih pet let. Zadnja resolucija je bila sprejeta za obdobje 2007–2011, nova je trenutno v pripravi.

Poleg omenjenih zakonodaja s tega področja obsega še tri navodila, katerih naslovi kažejo, katera področja so zakonodajna telesa želela podrobneje urediti:

- Navodilo o načinu izvajanja javnih prireditev, na katerih se uporablja tudi tuji jezik, iz l. 2005,
- Navodilo o ugotavljanju jezikovne ustreznosti firme pravne osebe zasebnega prava oziroma imena fizične osebe, ki opravlja registrirano dejavnost, pri vpisu v sodni register ali drugo uradno evidenco, iz l. 2006,
- Uredba o potrebnem znanju slovenščine za posamezne poklice oziroma delovna mesta v državnih organih in organih samoupravnih lokalnih skupnosti ter pri izvajalcih javnih služb in nosilcih javnih pooblastil, iz l. 2008.

Poleg omenjenih približno 70 zakonov tako ali drugače omenja ali določa rabo jezika, kar kaže, da je zakonodajna skrb za slovenščino dokaj intenzivna, zanjo pa je zadolžena Služba za slovenski jezik na Ministrstvu za kulturo.

Eden od zakonov – Zakon o medijih – med drugim določa delež slovenske glasbe, ki se predvaja v radijskih programih. Ko je vlada l. 2010 delež želela zmanjšati, je to privedlo do polemike, v kateri so slovenski glasbeniki zahtevali, da se delež dvigne s sedanjih 20 % celo na polovico. Lastniki radijskih hiš so na drugi strani trdili, da slovenska glasbena produkcija ni dovolj velika, da bi bilo mogoče zagotoviti takšen delež (popularne) glasbe zadovoljive kvalitete.

3.5 JEZIK V IZOBRAŽEVANJU

Večina predšolskih otrok, osnovnošolcev in srednješolcev v Sloveniji obiskuje javne vrtce (98,3 %) in šole (99 %), katerih ustanovitelj in financer so država in občine. V šolskem letu 2009/10 je delovalo 849 osnovnih šol, med katerimi so bile tri zasebne (dve waldofski in ena katoliška) ter 136 javnih ter 6 zasebnih srednjih šol [9].

Slovenska zakonodaja določa, da mora poučevanje v šolah, ki so del sedanjega izobraževalnega sistema od vrtcev do univerze, potekati v slovenskem jeziku. V italijanskih manjšinskih vrtcih, osnovnih in srednjih šolah poteka pouk v italijanščini, slovenščina in madžarščina pa sta v rabi v dvojezičnih šolah na področjih, kjer živi madžarska manjšina. Posebej je urejen pouk za otroke, katerih materni jezik ni slovenščina, izobraževanje romskih otrok, otrok tujih državljanov in otrok oseb brez državljanstva.

Ker govorci slovenskega jezika ne morejo pričakovati, da bodo lahko slovenščino uporabljali v vsakodnevni komunikaciji izven Slovenije in njene neposredne okolice, v skupnosti vlada širok konsenz, da bi vsi prebivalci morali obvladati vsaj en tuj jezik. Najpopularnejša izbira je angleščina, v nekaterih delih tudi nemščina. V sedanjem izobraževalnem sistemu je poučevanje tujih jezikov močno spodbujano in prvi tuji jezik (največkrat angleščina) se poučuje kot obvezni predmet od devetega leta starosti. Nova *Bela knjiga o vzgoji in izobraževanju* iz l. 2011 [10] in zakon, ki je v parlamentarni obravnavi, pa določata, da bi bilo treba začetek učenja tujega jezika glede na starost potisniti navzdol na sedem let. Šole pa bi morale poskrbeti za možnost učenja tujega jezika oz. angleščine od šestega leta starosti, ko otroci vstopijo v obvezno devetletno osnovno šolo. Pogosto se učenje angleščine začne že v predšolskem času v vrtcih, spremembe pa so usmerjene k temu, da bi omogočili nepretrgano učenje tujega jezika od zgodnjega otroštva. V sedanjem sistemu se učenje drugega tujega jezika začne pri starosti dvanajst let kot izbirni predmet, v omenjeni Beli knjigi pa je podan predlog, da bi šole morale ponuditi angleščino, pa tudi francoščino, nemščino, hrvaščino, italijanščino, madžarščino, ruščino, španščino in latinščino kot izbirni predmet v drugem triletju, ki se začne pri starosti devet let.

92 % prebivalcev Slovenije v starosti od 25-64 let lahko kumunicira vsaj v enem tujem jeziku.

Nedavna raziskava je pokazala, da 92 % prebivalcev Slovenije (od 25–64 let) lahko komunicira vsaj v enem tujem jeziku, od katerih 37,2 % lahko uporablja dva in 34,1 % celo tri ali več jezikov [11]. Za trenutno stanje je značilno, da znanje angleščine drastično upada s pripadnostjo starostni skupini:

- 75,5 % v skupini od 25 do 34 let,
- 50 % v skupini od 35 do 49 let,
- 27,8 % v skupini starejših od 50 let.

Znanje nemščine, francoščine in italijanščine se po drugi strani manj spreminja, pri čemer je nemščina pri 30 %, italijanščina pa pri 10 %. Pomembno je poudariti, da odstotki v raziskavi zajemajo zelo različne ravni znanja jezika od osnovne ravni komunikacije do odličnega znanja, toda v splošnem podatki kažejo, da je znanje tujih jezikov v Sloveniji uveljavljena in konsenzualno sprejeta praksa. Nekoliko bolj izrazite polemike o rabi slovenščine (in angleščine) je bilo v preteklih letih mogoče spremljati pri visokem šolstvu – z dvema nasprotujočima stališčema glede jezikovne politike. Na eni strani Zakon o visokem šolstvu, sprejet l. 1993, določa, da visokošolski zavod lahko izvaja študijske programe ali njihove dele v tujem jeziku samo v primeru:

- če gre za programe poučevanja tujih jezikov;
- če pri njihovem izvajanju sodelujejo gostujoči visokošolski učitelji iz tujine ali je vanje vpisano večje število tujih študentov;
- če se ti programi na visokošolskem zavodu izvajajo tudi v slovenskem jeziku.

Delež tujih študentov, ki študirajo v Sloveniji in slovenskih študentov, ki študirajo v tujini, je med najnižjimi med državami OECD.

Po drugi strani je študija OECD l. 2007 pokazala, da je delež tujih študentov, ki študirajo v Sloveniji, in slovenskih študentov, ki študirajo v tujini, med najnižjimi med državami OECD. Glede na ugotovitve OECD predlaga, da bi bilo treba razviti programe, ki bi bili bolj privlačni za tuje študente in da bi bilo treba sprostiti zakonodajo, ki omejuje ponudbo programov, ki se izvajajo v tujih jezikih [12]. Mnoge visokošolske institucije se strinjajo s priporočili OECD in menijo, da je sedanja jezikovna politika preveč zaščitniška. Pričakovati je, da se bodo v tem desetletju smernice nekoliko spremenile, saj nova Resolucija o Nacionalnem programu visokega šolstva 2011–2020 iz marca l. 2011 določa naslednje:

- do konca desetletja bo vsaka slovenska visokošolska institucija oblikovala nabor študijskih programov, ki jih bo ponujala v tujih jezikih za tuje študente, pri tem so bodo prednostno usmerila v podiplomske študijske programe;

- slovenske univerze bodo izvajale nekatere študijske programe za mednarodno mešane skupine študentov;
- delež tujih državljanov med študenti, visokošolskimi učitelji, sodelavci in raziskovalci se bo do leta 2020 bistveno povečal, tako da bo skupaj z mednarodnimi aktivnostmi zagotavljal mednarodni značaj slovenskih visokošolskih institucij [13].

3.6 MEDNARODNI VIDIKI

Kot je pričakovati, slovenščina izven okvira skupnosti njenih govorcev in statusa enega od uradnih jezikov Evropske unije nima širšega mednarodnega vpliva. Zanimivo pa je, da obstaja specializirano znanstveno področje, v katerem so slovenski izrazi rabljeni mednarodno kot znanstveni termini. V krasoslovju, ki ga *Oxford English Dictionary* definira kot "veda v geomorfologiji, ki se ukvarja s kraškimi oblikami", je slovenski Kras v svoji nemški različici ("karst") uporabljen kot generični izraz za specifični geološki pojav, ki je bil v 19. stoletju prvič raziskan v tem delu Slovenije. Tudi danes je področje Krasa obravnavano kot "klasični kras" v relevantni znanstveni skupnosti. Mednarodno rabljeni slovenski izrazi pa med drugim vključujejo "jamo", "polje", "ponor" in "strugo", pri čemer vsi označujejo specifične kraške pojave.

Poznavanje slovenske literature izven Slovenije je omejeno na sosednje države ter na Srednjo Evropo ter Balkan, s katerima je Slovenija zgodovinsko povezana. Najbolj znan in prevajan še živeči slovenski literarni avtor je Drago Jančar. Kot ambasador slovenske znanosti pa je eden od bolj znanih in mednarodno prepoznavnih osebnosti filozof Slavoj Žižek, ki ga običajno povezujejo s filozofsko tradicijo hegeljanstva, marksizma, predvsem pa z lacanovsko psihoanalizo. Žižek je kot kontroverzna osebnost pritegnil precejšnjo pozornost in je bil označen vse od "akademske rock zvezde" v *New York Timesu* do "najnevarnejšega filozofa na Zahodu" v nemškem *Der Spieglu*. Njegova dela in predavanja (ki jih včasih opisujejo kot predavanja-performansi) na provokativen način povezujejo teme od popkulture in vsakdanjega življenja z zahtevnimi filozofskimi koncepti, pri čemer običajno zavestno postavlja pod vprašaj temeljne in splošno sprejete ideje zahodne filozofije.

Slovenščina izven okvira skupnosti njenih govorcev in statusa enega od uradnih jezikov Evropske unije nima širšega mednarodnega vpliva.

Za mednarodno promocijo slovenske literature, prevode slovenskih avtorjev v tuje jezike in za splošno podporo literarni produkciji skrbi Javna agencija za knjigo, neodvisna državna agencija, ki je bila ustanovljena l. 2009 [14]. Kot relativno majhna skupnost z ustrezno majhno literarno produkcijo so govorci slovenščine v precejšnji meri odvisni tudi od prevajanja tuje literature in drugih knjižnih zvrsti. Statistični podatki kažejo, da je bilo v letu 2009 izdanih 6.139 novih knjig, od tega 71 % izvirnih del v slovenščini ter 29 % prevodov. Od teh je bilo 1.473 literarnih del s 37-odstotnim deležem romanov, 26 % kratke proze, 20 % poezije in 1 % dramskih del.

Država Slovenija poučevanje in mednarodno promocijo slovenščine kot tujega jezika podpira preko Centra za slovenščino kot drugi/tuji jezik, ki je organizacijsko del oddelka za slovenistiko na Filozofski fakulteti Univerze v Ljubljani [15]. Center podpira in promovira mednarodno raziskovanje slovenskega jezika in literature, organizira strokovne in znanstvene konference in vzdržuje infrastrukturo za pridobivanje, preverjanje in certificiranje znanja slovenščine kot tujega/drugega jezika. Eden od programov Centra, ki se imenuje Slovenščina na tujih univerzah, študentom po svetu omogoča študij slovenskega jezika. Trenutno slovenščino ob podpori Ministrstva za visoko šolstvo, znanost in tehnologijo poučujejo na 57 lektoratih.

3.7 SLOVENŠČINA NA INTERNETU

Po podatkih Statističnega urada Republike Slovenije je imelo v prvi četrtini leta 2010 dostop do interneta 68 % gospodinjstev (62 % s širokopasovnim dostopom). Statistika kaže, da je 49 % oseb v starosti 10–74 let internet uporabljalo za izobraževanje; 44 % oseb je prek interneta pridobivalo nova znanja in informacije, 26 % pa informacije o izobraževanju in tečajih; tečaje je prek interneta (e-izobraževanje) opravljalo 5 % oseb. Nadalje je 71 % od teh oseb že uporabilo iskalnik za iskanje informacij, elektronsko pošto s pripetimi datotekami je že pošiljalo 58 % oseb, 30 % oseb je že kdaj pošiljalo sporočila v spletne klepetalnice, novičarske skupine ali spletne forume, 24 % jih je že uporabilo peer-to-peer izmenjavo filmov, glasbe ali drugih datotek, 22 % oseb je že uporabljalo internet za telefoniranje, 11 % oseb pa je že kdaj oblikovalo spletno stran. Te številke pa bodo verjetno v prihodnosti še narasle: 69 % oseb v starosti 10–15 let je internet uporabljalo vsak ali skoraj vsak dan, mobilni telefon pa je uporabljalo 98 % oseb v tej starosti [16].

Poleg mednarodnih spletnih strani so najpopularnejše strani na slovenskem delu spleta slovenski novičarski portali (24u.com, rtvslo.si in siol.net) ter lokalni spletni iskalnik najdi.si. Slovenska Vikipedija kot pomemben vir za procesiranje naravnega jezika vsebuje nekaj manj kot 115.000 člankov, kar je precej manj od največjih Vikipedij – angleške, nemške in francoske, po številu člankov pa je na 35. mestu blizu bolgarske, hrvaške in slovaške [17]. Uspešen projekt s prostodostopnimi jezikovni viri se nahaja tudi v okviru portala Vikivir, kjer se zbirajo starejša literarna in druga dela [18].

V Sloveniji je l. 2010 69 % oseb v starosti 10–15 let uporabljalo internet vsak ali skoraj vsak dan, mobilni telefon pa je uporabljalo 98 % oseb v tej starosti.

Iskanje po spletu je tudi sicer najpogosteje rabljena spletna aplikacija, ta pa predpostavlja avtomatsko procesiranje jezika na več nivojih, kot bo podrobneje opisano v drugem delu. Tehnologije procesiranja se pri vsakem jeziku malce razlikujejo, pri slovenščini, ki ima zahtevno oblikoslovno podobo pa sta zelo pomembni krnenje (ohranjanje krna oz. osnove pri pregibnih oblikah besed) in lematizacija (pripisovanje osnovne oblike pregibnim oblikam besed). Uporabniki spleta in ponudniki spletnih vsebin imajo korist od jezikovnih tehnologij tudi na bolj posreden način, npr. s strojnim prevajanjem spletnih strani. Glede na visoke stroške ročnega prevajanja vsebin in predpostavljene visoke potrebe, pa je bilo za slovenščino razvitih in uporabljenih relativno malo jezikovnih tehnologij.

V naslednjem poglavju predstavljamo jezikovne tehnologije in ključna področja uporabe. Poleg tega poglavlje vsebuje evalvacijo trenutnega stanja jezikovnih tehnologij za slovenščino.

4

JEZIKOVNE TEHNOLOGIJE ZA SLOVENŠČINO

Jezikovne tehnologije so računalniški sistemi, namenjeni obdelavi jezika, ki ga ljudje uporabljajo za komuniciranje, zato jih včasih imenujemo tudi "tehnologije za obdelavo človeškega jezika". Jeziki imajo dve obliki – pisno in govorno. Govor je najstarejša in v smislu človeške evolucije najbolj naravna oblika jezikovne komunikacije. V tekstovni obliki pa so shranjene kompleksne informacije in večina človeškega znanja se prenaša v tej obliki. S pomočjo govornih in tekstovnih tehnologij obdelujemo ali tvorimo ti različni obliki jezika, pri obeh oblikah pa uporabljamo slovarje, slovnična pravila in semantiko. To pomeni, da jezikovne tehnologije jezik povezujejo z različnimi oblikami znanja, neodvisno od izraznega medija (govor ali tekst). Slika 2 prikazuje jezikovnotehnološko pokrajino. Ko komuniciramo, jeziku dodajamo druga komunikacijska in informacijska sredstva – govor na primer lahko kombiniramo z gestikulacijo in obrazno mimiko. Digitalna besedila imajo povezave na slike in zvoke. Filmi vsebujejo jezik v govorjeni in tekstovni obliki. Z drugimi besedami, govorne in tekstovne tehnologije se prekrivajo in povezujejo z drugimi tehnologijami, ki omogočajo procesiranje multimodalne komunikacije in večpredstavnih dokumentov.

V nadaljevanju obravnavamo glavna področja, kjer se uporabljajo jezikovne tehnologije, npr. preverjanje jezikovne ustreznosti, spletno iskanje, govorno komuniciranje in strojno prevajanje. Ta vključujejo aplikacije in temeljne tehnologije, kot so:

- preverjanje črkovanja
- podpora sestavljanju besedil
- računalniško podprto učenje jezikov
- informacijsko poizvedovanje
- luščenje informacij
- avtomatsko povzemanje
- avtomatsko odgovarjanje na vprašanja
- prepoznava govora
- sinteza govora

Jezikovne tehnologije so uveljavljeno raziskovalno področje z obsežno temeljno literaturo, zainteresirani bralci lahko preberejo naslednja dela: [19, 20, 21, 22, 23]. Pred obravnavo omenjenih področij bomo na kratko opisali arhitekturo tipičnega jezikovnotehnološkega sistema.

4.1 PROCESNA ARHITEKTURA

Programi za obdelavo jezika so tipično sestavljeni iz več komponent, ki ustrezajo različnim jezikovnim ravninam. Slika 3 prikazuje poenostavljeno arhitekturo, ki jo je mogoče najti v tipičnem sistemu za obdelavo jezika. Prvi trije moduli so namenjeni obdelavi strukture in pomena besedila:

1. predobdelava: v tem postopku čistimo podatke, analiziramo ali odstranimo formatiranje, prepoznavamo jezik, preverjamo pravilnost znakov "čšž" pri slovenščini itd.

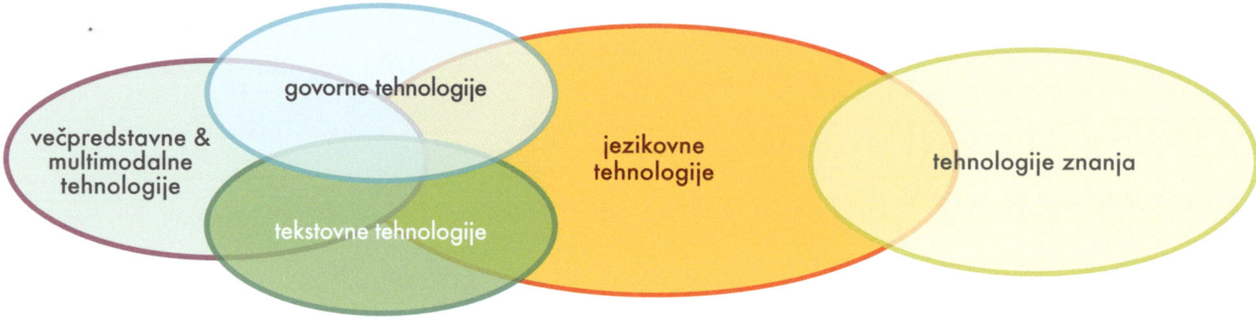

2: jezikovne tehnologije

2. slovnična analiza: v tem postopku določimo glagole, njihove slovnične predmete, določila, druge besedne vrste in razčlenimo stavčne strukture.
3. semantična analiza: v tem postopku izvedemo razdvoumljanje (tj. preračunamo ustrezni pomen besede v konkretnem sobesedilu); razrešimo anaforična razmerja (tj. na katere samostalnike se nanašajo zaimki v stavku) in izvedemo nadomeščanje izrazov; pomen stavka zapišemo na način, ki je strojno berljiv.

Po analizi besedila lahko moduli, namenjeni različnim nalogam, izvedejo druge operacije, kot je avtomatsko povzemanje in pregledovanje baze. To je poenostavljen in idealiziran opis procesne arhitekture in nakazuje kompleksnost jezikovnotehnoloških aplikacij.

Po predstavitvi ključnih aplikacij sledi kratek pregled današnjega stanja pri raziskovanju in poučevanju jezikovnih tehnologij ter pregled preteklih in tekočih raziskovalnih programov. Zatem bo predstavljena strokovna ocena temeljnih jezikovnotehnoloških orodij in virov glede na različne kriterije, kot so dostopnost, zrelost in kakovost. Splošno stanje pri jezikovnih tehnologijah za slovenščino je povzeto v tabelarni obliki (tabela 9) na strani 31. Orodja in viri, ki so v besedilu v krepkem tisku, so navedeni v tabeli. Temu sledi primerjava stanja pri slovenščini z drugimi jeziki, ki so bili obravnavani v seriji Bela knjiga META-NET.

4.2 KLJUČNE APLIKACIJE

V tem delu opisujemo najpomembnejša jezikovnotehnološka orodja in vire ter podajamo pregled dogajanja pri jezikovnih tehnologijah v Sloveniji.

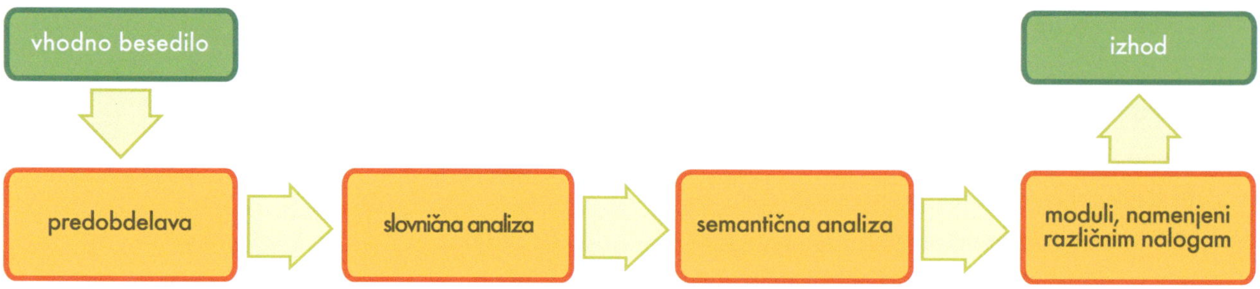

3: tipična arhitektura sistema za obdelavo besedila

4.2.1 Preverjanje jezikovne ustreznosti

Vsi, ki so kdaj uporabljali urejevalnik besedil kot npr. Microsoft Word, vedo, da je v paketu tudi črkovalnik, ki podčrta napake pri črkovanju in predlaga popravke. Prvi programi za črkovanje so primerjali listo besed iz besedila ter slovar pravilno črkovanih besed. Danes so ti programi bistveno bolj izpopolnjeni. Z uporabo jezikovno neodvisnih algoritmov pri **slovnični analizi besedila** zaznavajo napake, povezane z oblikami besed (npr. sklonske oblike) kot tudi skladenjske napake, kot so denimo manjkajoči glagol ali neujemanje med osebkom in povedkom (npr. **šla smo v kino*). Večina črkovalnikov pa ne bo našla napak v naslednjem (angleškem) besedilu [24]:

> I have a spelling checker,
> It came with my PC.
> It plane lee marks four my revue
> Miss steaks aye can knot sea.

Za obravnavo te vrste napak je navadno potrebna analiza sobesedila. Na primer pri vprašanju, ali je v naslednjem primeru treba uporabiti veliko začetnico ali ne:

- Preselili smo se v *Vodice*.
- Limonin vonj brivske *vodice*.

Taka analiza se bodisi zanaša na **slovnice**, ki jih strokovnjaki v dolgotrajnem procesu vprogramirajo v računalniške programe za vsak jezik posebej, ali pa na statistične jezikovne modele. V zadnjem primeru model za posamezno besedo izračuna verjetnost, da se bo pojavila na določenem mestu (npr. med besedami, ki so pred njo ali ji sledijo). Na primer: *brivske vodice* ("vodice" z malo začetnico) je veliko bolj verjetno zaporedje kot *brivske Vodice* ("Vodice" z veliko začetnico). Statistični jezikovni model je mogoče ustvariti avtomatsko z uporabo večje količine (pravilnih) jezikovnih podatkov (te podatke imenujemo **besedilni korpus**). Oba pristopa sta bila večinoma razvita na podlagi podatkov iz angleščine. Nobenega od njiju pa ni mogoče enostavno prenesti v slovenščino, predvsem zaradi prostega besednega reda in množice različnih besednih oblik.

Preverjanje jezikovne ustreznosti pa ni omejeno na urejevalnike besedil. Uprablja se tudi v t. i. "sistemih za podporo pisanju" oz. "avtorskih sistemih". To so programska okolja, v katerih nastajajo navodila, priročniki in druga dokumentacija, ki so napisani v skladu s posebnimi standardi za zahtevne informacijsko-tehnološke, zdravstvene, tehnične in druge proizvode. Zaradi strahu pred pritožbami strank zaradi nepravilne uporabe in pred odškodninskimi tožbami zaradi nerazumljivih navodil se podjetja vedno bolj ukvarjajo s kakovostjo tehnične dokumentacije, pri čemer hkrati ciljajo na mednarodni trg (s pomočjo prevajanja ali lokalizacije). Napredek pri procesiranju naravnih jezikov je tako spodbudil izdelavo programov za podporo pisanju, ki piscem tehnične dokumentacije pomaga uporabljati besedišče in stavčne strukture, ki se skladajo s pravili industrije in terminološkimi omejitvami v podjetjih.

4: preverjanje jezikovne ustreznosti (zgoraj: statistično, spodaj: na podlagi pravil)

Poleg črkovalnikov in avtorskih sistemov je preverjanje jezikovne ustreznosti tudi pomemben del računalniško podprtega učenja jezikov. Orodja za preverjanje črkovanja pa so tudi del spletnih iskalnikov, kot npr. pri predlogih, ki jih Google ponuja s funkcijo *"Ste morda mislili: ..."*.

Naprednejše preverjanje slovnice je omejeno na programski paket BesAna, avtorski sistemi, ki bi vključevali slovenščino, pa dejansko ne obstajajo.

Črkovalniki za slovenščino imajo relativno dolgo tradicijo z začetkom v zgodnjih 90-ih letih prejšnjega stoletja. Edini program, ki je ostal na tržišču kot samostojni programski paket, je µBesAna računalniškega podjetja Amebis [25]. Isto podjetje ponuja tudi druga orodja, kot npr. slovnični pregledovalnik (BesAna) [26], delilnik (za deljenje besed na koncu vrstice), lematizator (pripisovanje osnovnih oblik pregibnim oblikam) itd. Prosto dostopni črkovalniki za slovenščino so na voljo še v paketu OpenOffice, Mozilla Firefox/Thunderbird in v nekaterih drugih aplikacijah, kot npr. v spletnem iskalniku najdi.si. Po drugi strani pa je naprednejše preverjanje slovnice omejeno zgolj na programski paket BesAna, avtorski sistemi, ki bi vključevali slovenščino, pa dejansko ne obstajajo.

4.2.2 Iskanje po spletu

Iskanje po spletu, intranetih ali digitalnih knjižnicah predstavlja najbrž najbolj pogosto, a hkrati tehnološko dokaj slabo razvito uporabo jezikovnih tehnologij danes. Googlov spletni iskalnik, ki je bil postavljen na splet 1998, zdaj obvladuje približno 80 % poizvedovanj na spletu. Spletni vmesnik Googlovega iskalnika in prikaz zadetkov se od prve verzije ni bistveno spremenil, v sedanji različici pa Google ponuja tudi popravke pri črkovanju narobe zapisanih besed in vključuje osnovne možnosti semantičnega iskanja, ki lahko izboljšajo natančnost iskalnika z analizo pomena izrazov v sobesedilu poizvedbe [27]. Googlova zgodba o uspehu kaže, da je pri veliki količini podatkov in z učinkovitimi tehnikami indeksiranja s statističnim pristopom mogoče priti do zadovoljivih rezultatov.

Pri **pomenski interpretaciji besedila** je za bolj zahtevno iskanje informacij nujno vključiti globlje jezikoslovno znanje. Poskusi z uporabo **leksikalnih virov**, kot so strojno berljivi tezavri ali ontologije (npr. WordNet za angleščino in sloWNet za slovenščino [28]), so pokazali, da je iskanje spletnih strani mogoče izboljšati z uporabo sopomenk izvornih iskalnih izrazov, kot so npr. *atomska / jedrska / nuklearna* energija ali celo bolj ohlapno povezanih izrazov.

Naslednja generacija spletnih iskalnikov bo morala vsebovati precej bolj zapletene jezikovne tehnologije, še posebno pri obdelavi poizvedovanj, ki so zapisana kot vprašanje oz. v stavčni obliki, ne le kot lista ključnih besed. Za poizvedbo *"poišči spisek vseh podjetij, ki so jih prevzela druga podjetja v zadnjih petih letih"* mora jezikovnotehnološki sistem analizirati skladnjo in pomen stavka ter za hitro izbiro relevantnih dokumentov izdelati indeks. Da bi prišli do zadovoljivega odgovora, mora skladenjski razčlenjevalnik analizirati skladenjsko strukturo stavka in ugotoviti, da uporabnik želi spisek tistih podjetij, ki so bila prevzeta, in ne tistih, ki so prevzemala. Pri izrazu *"v zadnjih petih letih"* sistem mora določiti, za katera leta gre. Poizvedbo pa je treba potem primerjati z ogromno količino nestrukturiranih podatkov, da bi našli eno ali več informacij, ki jih potrebuje uporabnik. Ta postopek se imenuje "informacijsko poizvedovanje" in vključuje iskanje ter razvrščanje relevantnih dokumentov po pomembnosti. Da bi proizvedel spisek podjetij, mora povrhu tega sistem določene nize besed v dokumentu tudi prepoznati kot imena podjetij, ta proces pa imenujemo "prepoznavanje imenskih entitet".

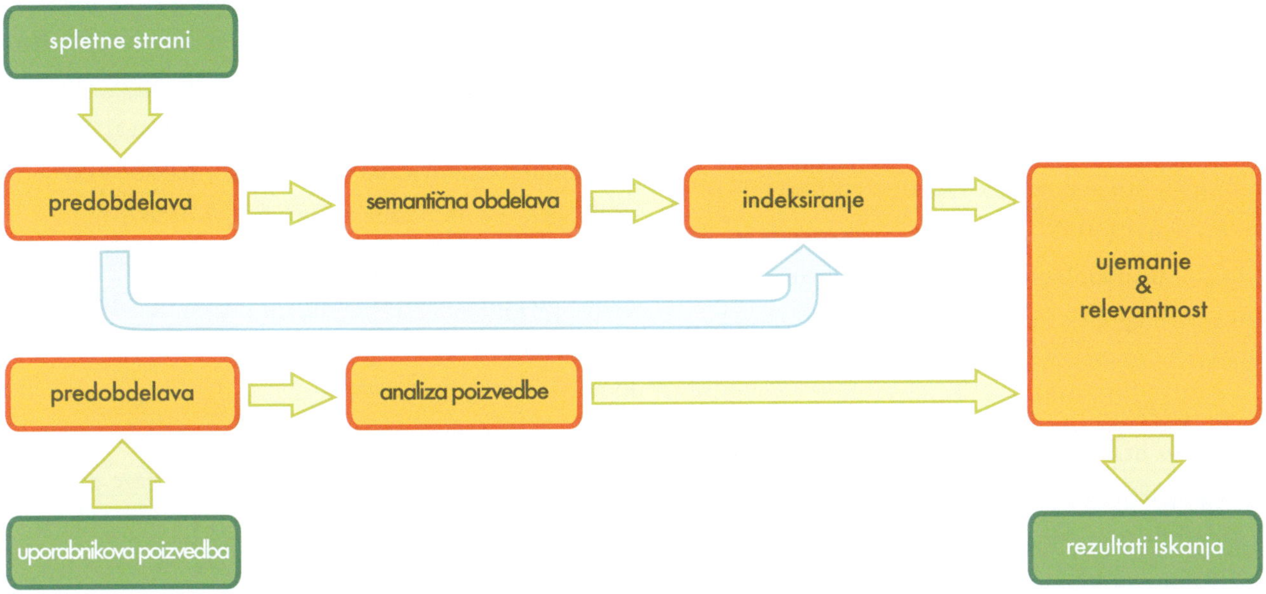

5: iskanje po spletu

Še bolj zahtevna naloga je primerjava poizvedbe v enem jeziku z dokumenti v drugem jeziku. Medjezično informacijsko poizvedovanje vključuje strojno prevajanje poizvedbe v vse mogoče izvorne jezike in naknadno prevajanje rezultatov nazaj v ciljne jezike. V zadnjem času podatke vedno pogosteje najdemo tudi v nebesedilnih formatih, zato nastaja potreba po servisih, ki izvajajo večpredstavno informacijsko poizvedovanje. V primeru zvočnih in video datotek modul za prepoznavo govora mora pretvoriti govor v besedilo (ali v fonetični prepis), ki ga je potem mogoče uporabiti kot uporabniško poizvedbo.

Podjetja, ki se ukvarjajo s spletnim iskanjem, kot osnovno iskalniško infrastrukturo pogosto uporabljajo prostokodne tehnologije kot Lucene in Solr. Druga podjetja, kot npr. FAST (norveško podjetje, ki ga je l. 2008 kupil Microsoft) ali francosko podjetje Exalead, se zanašajo na mednarodno uveljavljene tehnologije.

Ta podjetja se pri razvoju osredotočajo na dodatke in napredne iskalnike za posebne portale, pri katerih uporabljajo semantiko, povezano s specializiranim področjem. Zaradi nenehnega velikega povpraševanja po procesorski moči so taki iskalniki uspešni le pri obdelavi relativno majhnih količin besedil. Procesorski čas je nekajtisočkrat večji kot pri standardnih statističnih iskalnikih, kakršen je Google. Povpraševanje po teh iskalnikih je zato veliko pri področno omejenem modeliranju, ni pa jih mogoče uporabiti za iskanje po milijardah dokumentov na spletu.

Naslednja generacija spletnih iskalnikov bo morala vsebovati precej bolj zapletene jezikovne tehnologije.

V slovenskem okolju najdi.si ponuja iskanje po slovenskem delu spleta, poleg tega imajo tudi iskalnike za intranete, specifične spletne strani itd. Gre za dobro uveljavljen portal, ki ga je mogoče najti na prvih mestih obiskanosti med vsem spletnimi stranmi v Sloveniji [29]. Toda bolj zahtevne iskalne tehnike še niso bile razvite za slovenščino in procesiranje jezika v iskalnikih je bolj ali manj omejeno na t. i. krnenje.

4.2.3 Govorna komunikacija

Govorne tehnologije se uporabljajo za izdelavo računalniških vmesnikih, ki uporabnikom omogočajo komunikacijo s pomočjo govora namesto z grafičnim vmesnikom, tipkovnico in miško. Danes so govorni uporabniški vmesniki (VUI – *Voice User Interface*) običajno del delno ali popolnoma avtomatiziranih telefonskih servisov, ki jih podjetja uporabljajo za stranke, zaposlene ali partnerje. Komercialna področja, ki se pri poslovanju najbolj opirajo na VUI, so bančništvo, dobavne verige, javni prevoz in telekomunikacije. Govorne tehnologije so poleg tega v uporabi tudi pri avtomobilskih navigacijskih sistemih in kot alternativa grafičnim vmesnikom in vmesnikom z zaslonom na dotik v pametnih mobilnih telefonih.

Govorne tehnologije vključujejo štiri različne tehnologije:

1. z **avtomatsko razpoznavo govora** (ASR – *Automatic Speech Recognition*) določimo, katere besede so bile dejansko izgovorjene v nizu zvokov, ki jih je proizvedel uporabnik;
2. z razumevanjem naravnega jezika analiziramo skladenjske strukture v uporabnikovi izjavi in jih interpretiramo v skladu s sprejetim sistemom;
3. s sistemom dialoga določimo, kakšno dejanje mora slediti glede na uporabnikov vnos in funkcionalnost sistema;
4. s **sintezo govora** (*Text-To-Speech* ali TTS) pretvorimo odgovor sistema v zvok, ki ga sliši uporabnik.

Glavni izziv sistemov ASR je uspešna razpoznava besed, ki jih izgovori uporabnik. To pomeni, da razpon možnih izjav omejimo na zaključen niz ključnih besed ali da ročno ustvarimo jezikovne modele, ki pokrivajo vso paleto možnih izjav v naravnem jeziku. S tehnikami strojnega učenja lahko jezikovne modele ustvarimo tudi avtomatično iz **govornih korpusov** – velikih zbirk zvočnih datotek z govorom in njihovimi transkripcijami oz. prepisi. Če v govornih vmesnikih dovoljeni vnos govora omejimo, s tem navadno prisilimo ljudi, da jih uporabljajo na tog način, in to lahko okrni uporabniško izkušnjo; ustvarjanje, prilagajanje in vzdrževanje bogatih jezikovnih modelov pa močno zviša stroške. Govorni vmesniki, ki uporabljajo jezikovne modele in na začetku dopustijo uporabniku, da izrazi svoj namen bolj prožno – po začetnem pozdravu *Kako vam lahko pomagamo?* – so navadno avtomatizirani in jih uporabniki bolje sprejemajo.

Podjetja za sestavljanje odgovorov v govornih vmesnikih navadno uporabljajo predhodno posnete izjave profesionalnih govorcev. Pri statičnih izjavah, kjer besedilo ni odvisno od okoliščin ali osebnih podatkov uporabnika, to lahko zadostuje za dobro uporabniško izkušnjo, toda pri dinamični vsebini izjave to lahko vodi do nenaravne intonacije, ker so delčki zvočnih datotek preprosto zlepljeni skupaj. Današnji sistemi TTS se izboljšujejo in ustvarjajo dinamične izjave, ki zvenijo naravno (čeprav bi jih bilo mogoče še optimizirati).

Govorne tehnologije se uporabljajo za izdelavo računalniških vmesnikov, ki uporabnikom omogočajo komunikacijo s pomočjo govora namesto z grafičnim vmesnikom, tipkovnico in miško.

V zadnjem desetletju so vmesniki pri govornotehnoloških aplikacijah na tržišču postali precej standardizirani, vsaj glede različnih tehnoloških komponent. Pri razpoznavi in sintezi govora je prišlo do znatne konsolidacije trga. Na nacionalnih trgih v državah G20 (skupina najhitreje rastočih gospodarstev z velikim številom prebivalcev) prevladuje le pet globalnih igralcev, pri čemer sta v Evropi najbolj izpostavljena Nuance (ZDA) in Loquendo (Italija). V letu 2011 je Nuance najavil prevzem Loquenda, kar predstavlja naslednji korak pri konsolidaciji trga.

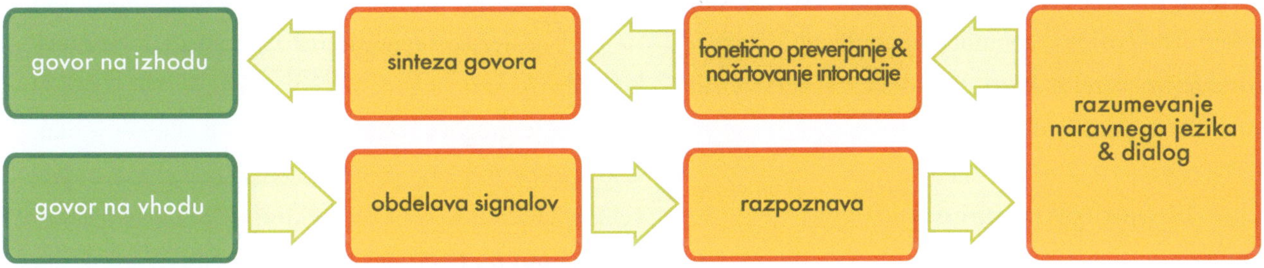

6: arhitektura govornega sistema dialoga

Govorne tehnologije so glede na splošno razvitost jezikovnih tehnologij za slovenščino verjetno njihov najbolj zrel del. V preteklosti so bile tudi relativno bolje finančno podprte z raziskovalnimi projekti, pri čemer bi bilo mogoče ugibati, da je razlog tesnejša povezava s tradicionalno bolj uveljavljenimi področji elektrotehnike in računalništva, v primerjavi z bolj jezikoslovno usmerjenimi raziskavami pisnih besedil. Z govornimi tehnologijami se v Sloveniji ukvarja več raziskovalnih centrov, med njimi Laboratorij za umetno zaznavanje, sisteme in kibernetiko na Fakulteti za elektrotehniko, Laboratorij za arhitekturo in procesiranje signalov na Fakulteti za računalništvo in informatiko, oba pripadata Univerzi v Ljubljani, Laboratorij za digitalno procesiranje signalov na Fakulteti za elektrotehniko, računalništvo in informatiko Univerze v Mariboru ter Odsek za inteligentne sisteme na Institutu "Jožef Stefan" v Ljubljani.

Na tržišču sta na voljo dva sistema TTS za slovenščino, oba sta bila razvita v sodelovanju med industrijskim in akademskim partnerjem. Sistem Govorec je bil razvit v sodelovanju med Institutom "Jožef Stefan" in podjetjem Amebis in je v uporabi v več aplikacijah, npr. na spletnem portalu RTV Slovenija, v okviru vladnega portala e-uprava itd [30]. Drugi sistem TTS z imenom Proteus je bil razvit v podjetju Alpineon, v sodelovanju s Fakulteto za elektrotehniko Univerze v Ljubljani [31]. Med leti 2004–2008 je skupina partnerjev z Alpineonom kot vodilno institucijo razvila sistem za prevajanje govora (SST – *Speech-to-Speech Translation*), imenovan VoiceTran po nazivu dveh zaporednih projektov [32]. Drugi sistem SST (Babilon) nastaja na Fakulteti za elektrotehniko računalništvo in informatiko Univerze v Mariboru, ista institucija pa razvija tudi večjezični sistem TTS z imenom Plattos ter sistem za govorni nadzor telefonov (govoFon) [33]. V nasprotju s sistemi za sintezo govora (TTS), nobeden od sistemov za prevajanje govora ni na voljo na tržišču.

Lokalni tržni izdelki za avtomatsko razpoznavo govora (ASR), ki vključujejo slovenščino, ne obstajajo izven sistemov, ki so jih razvile globalne korporacije s tega področja. Obstoječe aplikacije so omejene na projekte, kot so govorno vodeni informacijski portal festivala Lent, [34] sistem za rezervacijo vstopnic M-vstopnica in podobni [35]. Toda to so pilotni projekti in uporabljajo besedišče, ki je močno omejeno na vnaprej določen spisek festivalskih dogodkov, filmov, ki jih prikazujejo v kinu itd.

S širitvijo rabe pametnih telefonov kot nove platforme za komunikacijo med uporabniki – poleg stacionarne telefonije, interneta in elektronske pošte – lahko v prihodnosti pričakujemo precejšnje spremembe, kar bo vplivalo tudi na rabo govornih tehnologij. Na dolgi rok bo vedno manj telefonskih vmesnikov, govorjeni jezik pa bo igral vedno večjo vlogo kot uporabniško prijazen vnosni medij za pametne telefone. Ta bo temeljil na postopnih izboljšavah natančnosti prepoznave govora neodvisno od govorca, s pomočjo centralizirane storitve diktiranja oz. nareka, ki jo ponudniki že zagotavljajo uporabnikom pametnih telefonov.

4.2.4 Strojno prevajanje

Zamisel o uporabi računalnika za prevajanje naravnega jezika sega v oddaljeno leto 1946, tovrstne raziskave so bile močno finančno podprte v 50-ih in ponovno v 80-ih letih prejšnjega stoletja. Toda **strojno prevajanje** (MT – *Machine Translation*) še vedno ne izpolnjuje prvotne obljube o docela avtomatiziranem prevajanju.

Najosnovnejši pristop k strojnemu prevajanju je avtomatsko nadomeščanje besed iz besedila v enem jeziku z besedami v drugem jeziku.

Najosnovnejši pristop k strojnemu prevajanju je avtomatsko nadomeščanje besed iz besedila v enem jeziku z besedami v drugem jeziku. To je lahko uporabno na določenih omejenih področjih, kot denimo pri vremenskih napovedih. Da pa bi prišli do dobrih prevodov manj standardiziranih besedil, je treba za večje enote besedila (besedne zveze, stavke, celo odlomke) v ciljnem jeziku najti ustreznice, ki najbolje nadomeščajo izvorne dele. Največja zadrega pri tem je, da so naravni jeziki dvoumni. Dvoumnost je izziv na več nivojih, denimo pri razločevanju pomenov na ravni besedišča (*jaguar* kot avtomobilska znamka ali kot žival) ali pri pripisu pravega sklona na skladenjski ravni, npr.:

The woman saw the car and her husband, too.
[Ženska je videla avto in tudi **svojega moža**.]
[Ženska je videla avto in **njen mož** tudi.]

Eden od načinov izgradnje sistema za strojno prevajanje je s pomočjo jezikoslovnih pravil. Za prevajanje sorodnih jezikov je prevod z neposrednim nadomeščanjem do neke mere izvedljiv. Sistemi na podlagi pravil (ali na podlagi jezikoslovnega znanja) analizirajo vhodno besedilo in ustvarijo vmesni simbolni prikaz besedila, iz katerega je mogoče sestaviti besedilo v ciljnem jeziku. Uspešnost teh metod je močno odvisna od dostopnosti velikih leksikonov z oblikoslovnimi, skladenjskimi in semantičnimi podatki ter nizov slovničnih pravil, ki jih skrbno oblikujejo izkušeni jezikoslovci. To je zelo dolg in zato drag proces.

V poznih 80-ih letih, ko je procesorska moč narasla in postala cenejša, je naraslo zanimanje za statistične modele strojnega prevajanja. Ti izhajajo iz analiziranja dvojezičnih besedilnih korpusov, kot je denimo **vzporedni korpus** Europarl, ki vsebuje razprave iz evropskega parlamenta v 21 jezikih. Ob zadostni količini podatkov statistično strojno prevajanje deluje dovolj dobro, da s procesiranjem vzporednih verzij besedila in iskanjem verjetnih vzorcev besed proizvede približen pomen v tujejezičnem besedilu. V nasprotju s sistemi, ki temeljijo na jezikoslovnem znanju (*knowledge-driven*), statistični ali na podatkih temelječi (*data-driven*) sistemi strojnega prevajanja pogosto proizvedejo negramatične oz. slovnično nepravilne prevode. Statistično strojno prevajanje ima prednost, da zahteva manj človeškega napora, upošteva pa lahko tudi jezikovne posebnosti (npr. idiomatske izraze), ki jih na jezikoslovnem znanju temelječi sistemi navadno ne zaznavajo.

Prednosti in slabosti obeh pristopov k strojnemu prevajanju se med sabo dopolnjujejo, zato se v zadnjem času raziskovalci ukvarjajo s hibridnimi pristopi, pri katerih kombinirajo obe metodologiji. Pri enem pristopu oba sistema uporabljajo skupaj z izbirnim modulom, ki odloča o najboljšem prevodu za vsak stavek posebej. Rezultati za stavke, ki so daljši od npr. 12 besed pa so pogosto dokaj slabi. Boljša rešitev je kombiniranje najboljših delov vsakega stavka iz več sistemov; to lahko postane precej zahtevno, ker ustrezni deli iz več alternativnih prevodov niso vedno razvidni in jih je treba zato uskladiti.

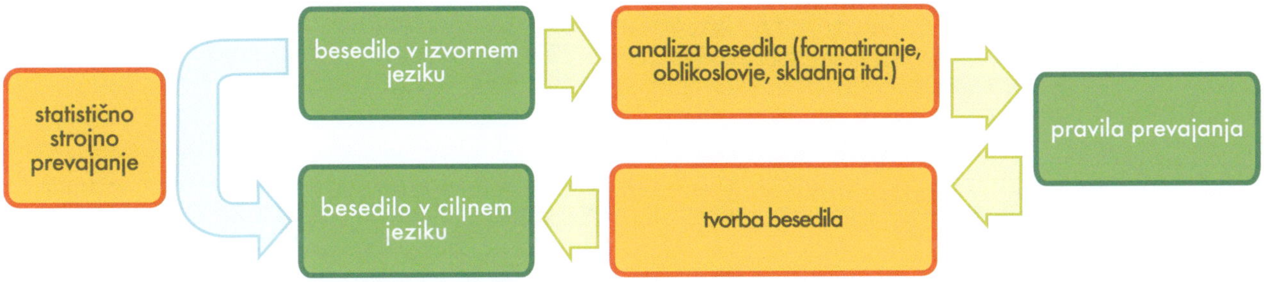

7: strojno prevajanje (levo: statistično, desno: na podlagi pravil)

Pri sistemih strojnega prevajanja obstaja še precejšen potencial za izboljšanje kvalitete. Izziv je predvsem prilagajanje jezikovnih virov posameznim specializiranim področjem ter vključevanje tehnologij v sisteme, ki že vsebujejo terminološke baze podatkov in pomnilnike prevodov. Dostopnost večjih količin besedil v dveh jezikih je ključen za statistično strojno prevajanje. Vzporedni korpusi z več pari jezikov trenutno nastajajo tudi za slovenski jezik, največji je Evrokorpus s 74 milijoni besed pri angleško-slovenskem paru, večinoma pa so v njem pravna besedila.

Pri primerjanju sistemov strojnega prevajanja, različnih pristopov in statusa sistemov za različne pare jezikov so v pomoč evalvacijske študije. Spodnja tabela 8 (p. 26), ki je bila izdelana v okviru evropskega raziskovalnega projekta Euromatrix+ [36], kaže uspešnost prevajanja pri 22-ih parih od 23 uradnih jezikov EU (irščina ni bila vključena). Rezultati so razvrščeni po izračunu BLEU, pri katerem višje številke pomenijo boljši prevod [37]. (Prevajalec bi dosegel približno 80 točk.)

Pri sistemih strojnega prevajanja obstaja precejšen potencial za izboljšanje kvalitete.

Najboljše rezultate (v zeleni in modri barvi) dosegajo jeziki, ki izkoriščajo pretekle znatne raziskovalne napore v koordiniranih programih ter obstoj množice vzporednih korpusov (npr. angleščina, francoščina, nizozemščina, španščina in nemščina). Rezultati pri jezikih s slabšimi rezultati so prikazani v rdeči barvi. Pri teh jezikih bodisi ni bilo vlaganj v razvoj ali pa se strukturno zelo razlikujejo od drugih jezikov (npr. madžarščina, malteščina, finščina).

Poleg dveh znanih prosto dostopnih statističnih sistemov strojnega prevajanja podjetij Microsoft in Google, ki vključujeta tudi slovenski jezik, obstaja le en sistem, ki je bil razvit do te mere, da je dostopen tudi na tržišču. Prevajalni sistem Presis [38], ki ga je razvilo podjetje Amebis, deluje na podlagi pravil in vključuje tudi tehnologijo pomnilnikov prevodov, kar pomeni, da ga je mogoče nadgraditi z vključitvijo terminoloških zbirk v specifičnem podjetju. Presis vključuje prevajanje v angleščino in nemščino ter obratno. Zelo uporaben spletni servis, ki ponuja primerjavo vseh strojnih prevajalnikov, ki vključujejo slovenščino, je bil razvit v okviru projekta iTranslate4 in ga je mogoče najti na spletni strani projekta [39].

Raziskovanje na področju statističnega strojnega prevajanja za slovenščino poteka na nekaterih akademskih institucijah v Sloveniji. Vzporedni korpus *ACQUIS Communautaire* [40] – prevedena zakonodaja Evropske unije, ki obsega 10 milijonov besed – je bila na Institutu "Jožef Stefan" uporabljena za poskuse s prevodnimi modeli, prav tako na Fakulteti za matematiko, naravoslovje in informacijske tehnologije Univerze na Primorskem. V okviru različnih projektov s ciljem izdelave sistemov

	ciljni jezik — Target language																					
	EN	BG	DE	CS	DA	EL	ES	ET	FI	FR	HU	IT	LT	LV	MT	NL	PL	PT	RO	SK	SL	SV
EN	–	40.5	46.8	52.6	50.0	41.0	55.2	34.8	38.6	50.1	37.2	50.4	39.6	43.4	39.8	52.3	49.2	55.0	49.0	44.7	50.7	52.0
BG	61.3	–	38.7	39.4	39.6	34.5	46.9	25.5	26.7	42.4	22.0	43.5	29.3	29.1	25.9	44.9	35.1	45.9	36.8	34.1	34.1	39.9
DE	53.6	26.3	–	35.4	43.1	32.8	47.1	26.7	29.5	39.4	27.6	42.7	27.6	30.3	19.8	50.2	30.2	44.1	30.7	29.4	31.4	41.2
CS	58.4	32.0	42.6	–	43.6	34.6	48.9	30.7	30.5	41.6	27.4	44.3	34.5	35.8	26.3	46.5	39.2	45.7	36.5	43.6	41.3	42.9
DA	57.6	28.7	44.1	35.7	–	34.3	47.5	27.8	31.6	41.3	24.2	43.8	29.7	32.9	21.1	48.5	34.3	45.4	33.9	33.0	36.2	47.2
EL	59.5	32.4	43.1	37.7	44.5	–	54.0	26.5	29.0	48.3	23.7	49.6	29.0	32.6	23.8	48.9	34.2	52.5	37.2	33.1	36.3	43.3
ES	60.0	31.1	42.7	37.5	44.4	39.4	–	25.4	28.5	51.3	24.0	51.7	26.8	30.5	24.6	48.8	33.9	57.3	38.1	31.7	33.9	43.7
ET	52.0	24.6	37.3	35.2	37.8	28.2	40.4	–	37.7	33.4	30.9	37.0	35.0	36.9	20.5	41.3	32.0	37.8	28.0	30.6	32.9	37.3
FI	49.3	23.2	36.0	32.0	37.9	27.2	39.7	34.9	–	29.5	27.2	36.6	30.5	32.5	19.4	40.6	28.8	37.5	26.5	27.3	28.2	37.6
FR	64.0	34.5	45.1	39.5	47.4	42.8	60.9	26.7	30.0	–	25.5	56.1	28.3	31.9	25.3	51.6	35.7	61.0	43.8	33.1	35.6	45.8
HU	48.0	24.7	34.3	30.0	33.0	25.5	34.1	29.6	29.4	30.7	–	33.5	29.6	31.9	18.1	36.1	29.8	34.2	25.7	25.6	28.2	30.5
IT	61.0	32.1	44.3	38.9	45.8	40.6	26.9	25.0	29.7	52.7	24.2	–	29.4	32.6	24.6	50.5	35.2	56.5	39.3	32.5	34.7	44.3
LT	51.8	27.6	33.9	37.0	36.8	26.5	21.1	34.2	32.0	34.4	28.5	36.8	–	40.1	22.2	38.1	31.6	31.6	29.3	31.8	35.3	35.3
LV	54.0	29.1	35.0	37.8	38.5	29.7	8.0	34.2	32.4	35.6	29.3	38.9	38.4	–	23.3	41.5	34.4	39.6	31.0	33.3	37.1	38.0
MT	72.1	32.2	37.2	37.9	38.9	33.7	48.7	26.9	25.8	42.4	22.4	43.7	30.2	33.2	–	44.0	37.1	45.9	38.9	35.8	40.0	41.6
NL	56.9	29.3	46.9	37.0	45.4	35.3	49.7	27.5	29.8	43.4	25.3	44.5	28.6	31.7	22.0	–	32.0	47.7	33.0	30.1	34.6	43.6
PL	60.8	31.5	40.2	44.2	42.1	34.2	46.2	29.2	29.0	40.0	24.5	43.2	33.2	35.6	27.9	44.8	–	44.1	38.2	38.2	39.8	42.1
PT	60.7	31.4	42.9	38.4	42.8	40.2	60.7	26.4	29.2	53.2	23.8	52.8	28.0	31.5	24.8	49.3	34.5	–	39.4	32.1	34.4	43.9
RO	60.8	33.1	38.5	37.8	40.3	35.6	50.4	24.6	26.2	46.5	25.0	44.8	28.4	29.9	28.7	43.0	35.8	48.5	–	31.5	35.1	39.4
SK	60.8	32.6	39.4	48.1	41.0	33.3	46.2	29.8	28.4	39.4	27.4	41.8	33.8	36.7	28.5	44.4	39.0	43.3	35.3	–	42.6	41.8
SL	61.0	33.1	37.9	43.5	42.6	34.0	47.0	31.1	28.8	38.2	25.7	42.3	34.6	37.3	30.0	45.9	38.2	44.1	35.8	38.9	–	42.7
SV	58.5	26.9	41.0	35.6	46.6	33.3	46.6	27.4	30.9	38.9	22.7	42.0	28.2	31.0	23.7	45.6	32.2	44.2	32.7	31.3	33.5	–

8: Uspešnost strojnega prevajanja po jezikovnih parih v projektu Euromatrix+ — Machine Translation between 22 EU-languages [36]

SST, omenjenih v preteklem besedilu, je bilo statistično prevajanje tudi del raziskav projekta VoiceTran in se še vedno raziskuje na Fakulteti za elektrotehniko, računalništvo in informatiko Univerze v Mariboru, in sicer v okviru projekta Babilon.

4.3 DRUGE APLIKACIJE

Sestavljanje jezikovnotehnoloških aplikacij vključuje celo vrsto pomožnih nalog, ki se ne kažejo vedno na ravni interakcije z uporabnikom, vendar v sistemu zagotavljajo določeno funkcionalnost "pod pokrovom motorja". Vsaka od njih predstavlja pomembno raziskovalno témo, iz katere so se zdaj razvila samostojna podpodročja računalniškega jezikoslovja.

Na primer, odgovarjanje na vprašanja je živahno raziskovalno področje, za potrebe katerega so bili izdelani označeni korpusi besedil, organizirana so bila tudi znanstvena tekmovanja. Koncept odgovarjanja na vprašanja presega zgolj poizvedovanje na podlagi ključnih besed (pri katerem iskalnik odgovarja z listo potencialno relevantnih dokumentov) in uporabniku omogoča, da postavi konkretno vprašanje, na katerega sistem da en sam odgovor. Na primer:

Vprašanje: koliko je bil star Neil Armstrong, ko je stopil na luno?

Odgovor: 38.

Medtem ko je odgovarjanje na vprašanja (QA – *question answering*) brez dvoma povezano z jedrnim področjem iskanja po spletu, danes služi kot krovni termin za raziskovalna vprašanja, kot so: kateri so različni tipi vprašanj in kako jih obravnavati; kako lahko analiziramo in primerjamo serijo dokumentov, ki potencialno vsebujejo odgovor (ali ti ponujajo nasprotujoče si odgovore?); kako je mogoče iz dokumenta zanesljivo izluščiti specifično informacijo (odgovor), ne da bi prezrli sobesedilo.

Sestavljanje jezikovnotehnoloških aplikacij vključuje celo vrsto pomožnih nalog, ki se ne kažejo vedno na ravni interakcije z uporabnikom, vendar v sistemu zagotavljajo določeno funkcionalnost "pod pokrovom motorja".

Vse to pa je povezano z luščenjem informacij (IE – *information retrieval*), področjem, ki je bilo izjemno popularno in vplivno, ko je računalniško jezikoslovje krenilo v statistično smer v začetku 90-ih let. Pri luščenju informacij skušamo prepoznati specifične delce informacij v specifični skupini dokumentov, kot na primer odkriti glavne igralce pri prevzemih podjetij, o katerih poročajo časopisi. Še en značilen scenarij, ki je bil raziskan, so poročila o terorističnih napadih. Težava je v tem, da je treba besedilo preslikati na predlogo, ki opredeljuje storilca, cilj, čas, kraj in rezultat dogodka. Polnjenje predlog, omejenih na specifično področje, je osrednja značilnost luščenja informacij, to pa je še en primer tehnologije "pod pokrovom motorja", ki predstavlja dobro definirano raziskovalno področje. V praksi mora biti luščenje informacij vgrajeno v ustrezno programsko okolje.

Povzemanje in **tvorba besedila** sta dve mejni področji, ki lahko nastopata v samostojnih aplikacijah ali igrata podporno vlogo "pod pokrovom". Pri povzemanju program skuša podati bistvo dolgega besedila v kratki obliki. Kot ena od funkcij je na voljo tudi v paketu Microsoft Office. Ta uporablja predvsem statistični pristop, s pomočjo katerega prepoznava "pomembne" besede v besedilu (tj. besede, ki se pogosto pojavljajo v obdelovanem besedilu, manj pogosto pa v splošni rabi) in določa stavke, ki vsebujejo največ "pomembnih" besed. Te stavke potem izloča in sestavlja v povzetek. Pri tem zelo običajnem komercialnem scenariju je povzemanje preprosto oblika luščenja stavkov in celotno besedilo se zmanjša na podmnožico vseh stavkov. Pri alternativnem pristopu, ki je zdaj predmet raziskav, program generira nove stavke, ki v izvornem besedilu ne obstajajo. To zahteva globlje razumevanje besedila, kar pomeni, da je ta pristop (za zdaj) precej manj robusten. V splošnem so generatorji besedila redko uporabljeni kot samostojne aplikacije, temveč so vključeni v večja programska okolja, kot so denimo klinični informacijski sistemi, s katerimi zbiramo, shranjujemo in procesiramo podatke o pacientih. Izdelava poročil je le ena od mnogih uporab povzemanja besedil.

Večjih projektov, ki bi se ukvarjali z odgovarjanjem na vprašanja in luščenjem informacij, za slovenščino ni, prav tako ne jezikovnih virov, potrebnih za izdelavo tovrstnih aplikacij.

Vsa omenjena raziskovalna področja so pri slovenščini bistveno manj razvita kot pri nemščini, francoščini in drugih jezikih. To še posebej velja za angleščino, pri kateri so bili odgovarjanje na vprašanja, luščenje informacij in povzemanje predmet številnih odprtih tekmovanj, ki sta jih organizirali predvsem agenciji DARPA in NIST v ZDA vse od začetka 90-ih let. Povzemalniki besedil za slovenščino ne obstajajo. Razen nekaj študentskih nalog tudi ni večjih projektov, ki bi se ukvarjali z odgovarjanjem na vprašanja in luščenjem informacij, prav tako ne jezikovnih virov, potrebnih za izdelavo tovrstnih aplikacij.

4.4 IZOBRAŽEVALNI PROGRAMI

Jezikovne tehnologije so interdisciplinarno področje, pri katerem je potrebno znanje računalniških strokovnjakov in jezikoslovcev, a tudi matematikov, filozofov, psiholingvistov in nevrologov. JT v slovenskem univerzitetnem okolju še niso našle svojega mesta, poučevanje pa je omejeno na posamezne predmete v splošnejših podiplomskih programih.

Podiplomska šola Instituta "Jožef Stefan" ponuja modul Jezikovne tehnologije v študijskem programu *Informacijske in komunikacijske tehnologije*, modul pa je opredeljen kot del raziskovalnega področja tehnologij znanja. V modulu je poseben poudarek na podatkovnem rudarjenju spleta in večpredstavnostnih vsebin, poleg tega še na besedilnih korpusih, velikih podatkovnih zbirkah označenih besedil, ki služijo kot temeljna infrastruktura, potrebna za raziskovanje in procesiranje posamičnih jezikov, vključno z analizo besedilnih korpusov z metodami strojnega učenja. Predmet je osredotočen na procesiranje besedil v slovenščini. Kurzi računalniškega jezikoslovja so na voljo tudi v drugih podiplomskih programih. Fakulteta za elektrotehniko, računalništvo in informatiko Univerze v Mariboru ponuja 30-urni predmet Jezikovne tehnologije v okviru programa Računalništvo in informatika, Filozofska fakulteta Univerze v Ljubljani pa predmet iz računalniške leksikografije. Ti so bolj ali manj omejeni na tekstovne tehnologije.

Vse predmete z jezikovnotehnološkimi vsebinami lahko obravnavamo kot bolj ali manj marginalne znotraj splošnih študijskih programov, bodisi jezikoslovnih, elektrotehničnih ali računalniških.

Od gornjih ločena je serija jezikovnotehnoloških predmetov s področja govornih tehnologij. Ta tematika je del dodiplomskih in podiplomskih programov na tehniških fakultetah, kot denimo na Fakulteti za elektrotehniko Univerze v Ljubljani in na Fakulteti za elektrotehniko, računalništvo in informatiko Univerze v Mariboru. Vse omenjene predmete pa lahko obravnavamo kot bolj ali manj marginalne znotraj splošnih študijskih programov, bodisi jezikoslovnih, elektrotehničnih ali računalniških.

4.5 NACIONALNI PROJEKTI IN POBUDE

Na splošno je mogoče reči, da jezikovne tehnologije za slovenščino v preteklih dveh desetletjih niso bile podprte v konsistentno izdelanem nacionalnem programu financiranja. Dosedanji proces razvoja jezikovnotehnoloških aplikacij, orodij in virov za slovenski jezik je mešanica financiranja iz mednarodnih projektov, ki so ob upoštevanju širitve EU razširili obseg z zahodnoevropskih jezikov na srednje- in vzhodnoevropske, nacionalnega financiranja znanstvenih raziskav, kjer so bile govorne tehnologije osrednje raziskovalno področje, ter navdušenja posameznikov nad jezikovnimi tehnologijami oz. večjih skupin, ki so se ukvarjale z lokalizacijo prosto dostopnih programov, kot so Linux, OpenOffice itd., v slovenščino. Število zasebnih podjetij, ki delujejo na področju jezikovnih tehnologij, je mogoče omejiti na vsega dve, Alpineon d. o. o. [41] in Amebis d. o. o., Kamnik [42], obe pa sta podprti tudi s raziskovalnimi ali drugimi nacionalnimi viri financiranja. Poleg tega na to področje sega tudi delovanje zasebnega raziskovalnega zavoda Trojina [43].

Kot je bilo običajno tudi pri drugih jezikih, so se jezikovne tehnologije za slovenščino začele s črkovalniki na začetku 90-ih let, bolj ali manj v okviru zasebnih pobud. Prvo mednarodno in nacionalno financiranje se je začelo nekaj let kasneje, ko je Institut "Jožef Stefan" vstopil v razširjeni projekt MULTEXT-East (1995–1997), ki je izhajal iz predhodnih evropskih projektov MULTEXT in EAGLES. V okviru projekta MULTEXT-East so nastali prvi jezikoslovno označeni viri za slovenski jezik v standardiziranem formatu, ti viri pa so bili nadgrajeni in razširjeni v projektih ELAN (*European Language Activity Network: 1998–1999*), TELRI I in II (*Trans European Language Resources Infrastructure: 1995–1998 / 1999–2001*) in Concede (*Consortium for Central European Dictionary Encoding: 1998–2000*).

Hkrati s tem se je začelo tudi financiranje mednarodnih (SQEL: *Spoken Queries in European Languages 1995–1997*) in nacionalnih projektov (ARTES 1995–1998, ARGOS 1998–2001 itd.) na področju govornih tehnologij ob udeležbi institucij, ki so še vedno aktivne na tem področju: Fakulteta za elektrotehniko in Fakulteta za računalništvo in informatiko na Univerzi v Ljubljani, Fakulteta za elektrotehniko, računalništvo in informatiko Univerze v Mariboru ter Odsek za inteligentne sisteme na Institutu "Jožef Stefan" v Ljubljani. Ta smer se je nadaljevala tudi v prvem desetletju tega stoletja, ko je podjetje Alpineon – spin-off podjetje Fakultete za elektrotehniko UL – vodilo večji konzorcij v okviru projekta VoiceTran (2004–2008), do sedaj največji projekt s področja govornih tehnologij [32]. V istem obdobju je Fakulteta za elektrotehniko, računalništvo in informatiko UM sodelovala v obsežnem evropskem projektu LC-Star (*Lexica and Corpora for Speech-to-Speech Translation Components 2002–2006*) ter v drugih evropskih projektih.

Jezikovne tehnologije za slovenščino v preteklih dveh desetletjih niso bile podprte v konsistentno izdelanem nacionalnem programu financiranja.

Serija obsežnih besedilnih korpusov, FIDA in FidaPLUS, je bila najprej financirana s strani zasebnih virov v letih 1997–2000, potem v nizu nacionalnih projektov v letih 2003–2006 [44]. Druga serija korpusov z imenom "Nova beseda" je v istem času nastajala na Inštitutu za slovenski jezik Frana Ramovša, vendar ni bila nikoli jezikoslovno označena, čeprav je bil na isti instituciji razvit vzporedni sistem označevanja [45]. Nadaljevanje standardizacijskih naporov pri oblikoskladenjskem in na novo razvitem skladenjskem sistemu označevanja korpusov je sledilo v okviru projekta Jezikoslovno označevanje slovenščine v letih 2007–2009 – projekt je nadaljeval tradicijo projekta MULTEXT-East, ki je bil uporabljen pri označevanju korpusov FIDA in FidaPLUS [46]. Rezultati projekta so zdaj v uporabi v okviru obsežnega projekta Sporazumevanje v slovenskem jeziku (2008–2013), ki ga v okviru konzorcija izvaja podjetje Amebis in v okviru katerega je bil razvit novi označevalnik in skladenjski razčlenjevalnik, skupaj z nadgradnjo korpusa FidaPLUS v korpus Gigafida z več kot milijardo besed [47].

Na Institutu "Jožef Stefan" v okviru Laboratorija za umetno inteligenco deluje tudi mednarodno uveljavljena skupina, ki se ukvarja tudi z jezikovnimi tehnologijami tako za slovenščino kot za angleščino. Glavno področje raziskovanja je analiza podatkov s poudarkom na besedilih, spletu in večmodalnih podatkih, analiza podatkov v realnem času, vizualizacija kompleksnih podatkov ter tehnologije semantičnega spleta [48].

Statistični podatki o nacionalnem financiranju raziskav kažejo, da je bilo v obdobju 1995–2010 financiranih 18 raziskovalnih projektov na področju govornih tehnologij, 9 na področju tekstovnih tehnologij ter tri na področju digitalizacije (zgodovinskih) virov. Kot samostojno raziskovalno področje pa jezikovne tehnologije niso bile upoštevane pri nacionalnih raziskovalnih programih ali pri vzpostavljanju jezikovne infrastrukture za slovenščino, primerljive denimo z nemškim projektom COLLATE ali TST Centrale za nizozemščino. Prav tako Slovenija ni aktivno sodelovala v evropskem raziskovalnem projektu CLARIN, namenjen izgradnji vseevropske jezikovnotehnološke infrastrukture, ki bi zagotovila digitalne jezikovne vire za raziskave v humanistiki. Rezultat omenjenega dogajanja je ta, da so mnoga jezikovnotehnološka področja docela nerazvita in prepuščena entuziazmu posameznikov ali lokalizaciji jezikovnotehnoloških rešitev velikih multinacionalk. Primer prvega je klepetalnik (*chatbot*) Kolos/Klepec [49], ki je bil razvit na podjetju Amebis kot ljubiteljski stranski projekt, primer drugega pa virtualni asistentki Vida in Tia mednarodnega podjetja Artificial

Solutions, ki ju uporabljata Davčna uprava Republike Slovenije in podjetje Telekom [50].

Kljub vsemu pa jezikovnotehnološka skupnost v Sloveniji obstaja in je organizirana v Slovenskem društvu za jezikovne tehnologije, ki je bilo ustanovljeno l. 1998 [51]. Društvo na vsaki dve leti organizira konference na temo jezikovnih tehnologij in podpira seminarje JOTA na Filozofski fakulteti Univerze v Ljubljani – serijo predavanj domačih in tujih predavateljev o temah, povezanih z jezikovnimi tehnologijami [52]. V letu 2011 je v Ljubljani organizirala tudi 32. ESSLLI (*European Summer School in Logic, Language and Information*) [53].

4.6 DOSTOPNOST VIROV IN ORODIJ

V tabeli 9 na strani 31 je povzeto trenutno stanje podpore jezikovnim tehnologijam za slovenščino. Razvrstitev obstoječih orodij in virov temelji na ocenah strokovnjakov s tega področja [54], lestvica pa obsega stopnje od 0 (zelo nizka) do 6 (zelo visoka) glede na sedem kriterijev.

Povzetek rezultatov o jezikovnotehnološki podpori za slovenščino:

- Orodja za tokenizacijo, oblikoslovno označevanje in analizo obstajajo, tudi za skladenjsko razčlenjevanje, manjkajo pa vsi viri in orodja za naprednejše procesiranje, kot je razločevanje pomenov, prepoznavanje argumentne strukture ali pomenskih vlog, razreševanje anaforičnih razmerij, prepoznavanje strukture ali koherentnosti besedila, retorične strukture, analize argumentacije, besedilnih vzorcev ali tipov, multimedijskega luščenja podatkov, večjezičnega luščenja podatkov itd.
- Na področju govornih tehnologij je sinteza govora trenutno najbolj razvita tehnologija. Razpoznava govora je omejena na povsem osnovne aplikacije in orodja. Splošna dostopnost orodij in virov pri govornih tehnologijah je relativno nizka.
- Obseżnost vseh virov je resna težava. Celo v primerh, ko so viri visoko kvalitetni, niso dovolj obsežni. Edini vir, kjer količina ni problem, je referenčni korpus ter do neke mere slovenski WordNet – sloWNet.
- Močno manjka tudi skupna infrastruktura za hranjenje, vzdrževanje in distribucijo izdelanih virov in orodij ter skupna organizacijska platforma za sodelovanje akterjev na tem področju.

Iz tabele je razvidno, da je več truda treba vložiti v izdelavo virov za slovenščino in v jezikovnotehnološke raziskave. Kakovost obstoječih virov je zadovoljiva, največja težava so manjkajoči viri in orodja ter njihovo kasnejše vzdrževanje in distribucija.

4.7 PRIMERJAVA MED JEZIKI

Stanje jezikovnotehnološke podpore pri jezikovnih skupnostih zelo niha. Da bi omogočili primerjavo med jeziki, v tem delu prikazujemo evalvacijo stanja, ki temelji na dveh področjih aplikacije (strojno prevajanje in govorne tehnologije) in eni podporni tehnologiji (analiza besedila) ter na evalvaciji temeljnih virov, potrebnih za izdelavo jezikovnotehnoloških aplikacij. Jeziki so bili kategorizirani glede na naslednjo petstopenjsko lestvico:

1. odlična podpora
2. dobra podpora
3. povprečna podpora
4. delna podpora
5. nizka ali neobstoječa podpora

Kriteriji za merjenje podpore jezikovnim tehnologijam so naslednji:

Procesiranje govora: kakovost obstoječih tehnologij razpoznave govora, kakovost obstoječih tehnologij sinteze govora, pokritost različnih domen oz. področij,

	Obsežnost	Dostopnost	Kakovost	Pokritost	Zrelost	Vzdrževalnost	Prilagodljivost
Jezikovne tehnologije (orodja, tehnologije in aplikacije)							
Razpoznava govora	2	1	3	2	3	4	3
Sinteza govora	4	2	5	3	3	5	5
Slovnična analiza besedila	2,5	4	4,5	3,5	3	3	4,5
Pomenska interpretacija besedila	0,3	0,7	1,3	0,7	0,3	1,0	1,7
Tvorba besedila	0	0	0	0	0	0	0
Strojno prevajanje	3	2	3	4	3	1	3
Jezikovni viri (viri, podatki, baze znanja)							
Besedilni korpusi	3	5,5	5	3,5	3,5	3,5	5
Govorni korpusi	2	2	4	3	4	3	1
Vzporedni korpusi	3	3	4	2	3	4	3
Leksikalni viri	2,5	4	3,5	2,5	3	4	5
Slovnice	1	1	3	2	1	1	2

9: stanje pri jezikovnih tehnologijah za slovenščino

število in obsežnost obstoječih govornih korpusov, število in raznolikost dostopnih govornotehnoloških aplikacij.

Strojno prevajanje: kakovost obstojčih tehnologij strojnega prevajanja, število pokritih jezikovnih parov, pokritost jezikovnih pojavov in domen, kakovost in obsežnost obstoječih vzporednih korpusov, obsežnost in raznolikost dostopnih strojnoprevajalnih aplikacij.

Analiza besedila: kakovost in pokritost obstoječih tehnologij za analizo besedila (oblikoslovje, skladnja, semantika), pokritost jezikovnih pojavov in domen, obsežnost in raznolikost dostopnih aplikacij, kakovost in velikost obstoječih (označenih) besedilnih korpusov, kakovost in pokritost obstoječih leksikalnih virov (npr. WordNet) in slovnic.

Jezikovni viri: kakovost in velikost obstoječih besedilnih korpusov, govornih korpusov in vzporednih korpusov, kakovost in pokritost obstoječih leksikalnih virov in slovnic.

Tabele od 10 na strani 33 do 13 na strani 34 kažejo, da je slovenščina po opremljenosti primerljiva s slovaščino, madžarščino, estonščino in podobnimi jeziki, a tudi z jeziki, ki niso uradni jeziki EU (katalonski, baskovski, galicijski), so pa dobro podprti tako s strani nacionalnega financiranja (v Španiji) kot tudi z evropskimi sredstvi. To kaže, da je nujna vključitev slovenščine v evropsko jezikovnotehnološko raziskovalno skupnost ter boljša podpora in koordinacija nacionalnega financiranja.

4.8 ZAKLJUČEK

V zbirki belih knjig smo veliko truda vložili v oceno jezikovnotehnološke podpore za 30 evropskih jezikov in s tem dobili zanesljivo primerjavo med vsemi jeziki. Z identifikacijo vrzeli, potreb in pomanjkljivosti smo evropski jezikovnotehnološki skupnosti in z njo povezanim déležnikom omogočili, da izoblikujejo obsežnejše raziskovalne in razvojne programe, ki bodo usmerjeni v izgradnjo resnično večjezične, tehnološko opolnomočene Evrope. Videli smo, da so med evropskimi jeziki ogromne razlike. Medtem ko so za nekatere jezike in na nekaterih področjih na voljo dobri viri in programska oprema, pri drugih jezikih (večinoma "manjših") obstajajo velike vrzeli. Pri mnogih jezikih ni na voljo niti osnovnih tehnologij za analizo besedil ter temeljnih virov, potrebnih za njihov razvoj. Drugi imajo osnovna orodja in vire, vendar trenutno ne morejo vlagati v razvoj semantičnega procesiranja. Še vedno je torej potreben obsežnejši napor, da bi prišli do zahtevnega cilja – zagotoviti strojno prevajanje visoke kvalitete med vsem evropskimi jeziki. Težava je tudi v tem, da financiranje raziskav in razvoja ni stalno. Kratkoročno programsko financiranje pogosto prekinjajo obdobja s pičlim financiranjem ali brez njega. Poleg tega ni tudi usklajenosti programov med evropskimi državami na ravni Evropske komisije.

Pri slovenskem jeziku lahko kot najpomembnejše pobude lahko izpostavimo vzpostavitev nacionalne infrastrukture za vzdrževanje in distribucijo obstoječih virov in orodij, izdelavo konsistentnega dolgoročnega načrta razvoja novih virov in orodij ter vključitev specializiranega programa izobraževanja o jezikovnih tehnologijah za slovenščino v visokošolsko izobraževanje.

Dolgoročni cilj projekta META-NET je vzpostavitev kvalitetnih jezikovnih tehnologij za vse jezike, da bi dosegli politično in ekonomsko enotnost skozi kulturno različnost. Tehnologija bo pomagala pri rušenju obstoječih ovir in postavila mostove med evropskimi jeziki. Za dosego cilja v prihodnosti je potrebno, da vsi déležniki – v politiki, raziskovanju, gospodarstvu in družbi – združijo svoje napore.

odlična podpora	dobra podpora	povprečna podpora	delna podpora	nizka podpora
	angleščina	nemščina	baskovščina	islandščina
		italijanščina	bolgarščina	hrvaščina
		finščina	danščina	latvijščina
		francoščina	estonščina	litvanščina
		nizozemščina	galicijščina	malteščina
		portugalščina	grščina	romunščina
		španščina	irščina	
		češčina	katalonščina	
			norveščina	
			poljščina	
			švedščina	
			srbščina	
			slovaščina	
			slovenščina	
			madžarščina	

10: procesiranje govora – stanje podpore za 30 evropskih jezikov

odlična podpora	dobra podpora	povprečna podpora	delna podpora	nizka podpora
	angleščina	francoščina	nemščina	baskovščina
		španščina	italijanščina	bolgarščina
			katalonščina	danščina
			nizozemščina	estonščina
			poljščina	finščina
			romunščina	galicijščina
			madžarščina	grščina
				irščina
				islandščina
				hrvaščina
				latvijščina
				litvanščina
				malteščina
				norveščina
				portugalščina
				švedščina
				srbščina
				slovaščina
				slovenščina
				češčina

11: strojno prevajanje – stanje podpore za 30 evropskih jezikov

odlična podpora	dobra podpora	povprečna podpora	delna podpora	nizka podpora
	angleščina	nemščina francoščina italijanščina nizozemščina španščina	baskovščina bolgarščina danščina finščina galicijščina grščina katalonščina norveščina poljščina portugalščina romunščina švedščina slovaščina **slovenščina** češčina madžarščina	estonščina irščina islandščina hrvaščina latvijščina litvanščina malteščina srbščina

12: analiza besedila – stanje podpore za 30 evropskih jezikov

odlična podpora	dobra podpora	povprečna podpora	delna podpora	nizka podpora
	angleščina	nemščina francoščina italijanščina nizozemščina poljščina švedščina španščina češčina madžarščina	baskovščina bolgarščina danščina estonščina finščina galicijščina grščina katalonščina hrvaščina norveščina portugalščina romunščina srbščina slovaščina **slovenščina**	irščina islandščina latvijščina litvanščina malteščina

13: jezikovni viri – stanje podpore za 30 evropskih jezikov

5

O PROJEKTU META-NET

META-NET je mreža odličnosti, ki jo delno financira Evropska komisija. Mrežo trenutno sestavlja 54 članic iz 33 evropskih držav [55]. META-NET gradi *Tehnološko zvezo za večjezično Evropo* (META), rastočo skupnost strokovnjakov in organizacij na področju jezikovnih tehnologij v Evropi in razvija tehnološke temelje za resnično večjezično evropsko informacijsko družbo, ki:

- omogoča komunikacijo in sodelovanje preko jezikovnih meja;
- zagotavlja enak dostop do informacij in znanja v vseh jezikih;
- ponuja napredno in dostopno mrežno povezano informacijsko tehnologijo vsem evropskim državljanom.

Mreža nudi podporo Evropi, ki se združuje v enotni digitalni trg in informacijski prostor, ter spodbuja in promovira večjezične tehnologije za vse evropske jezike. Te tehnologije omogočajo strojno prevajanje, izdelavo vsebin, procesiranje informacij in upravljanje z znanjem – na široki paleti aplikacij in področij. Omogočajo tudi intuitivne jezikovne vmesnike do tehnoloških izdelkov, ki zajemajo vse od gospodinjske elektronike, strojev in vozil do računalnikov robotov. Projekt META-NET se je začel 1. februarja 2010 in od takrat izvaja aktivnosti v okviru treh dejavnosti: META-VISION, META-SHARE in META-RESEARCH.

META-VISION razvija dinamično in vplivno skupnost déležnikov, ki jih združuje skupna vizija in strateški raziskovalni načrt (*strategic research agenda – SRA*). V okviru te dejavnosti se osredotočamo na vzpostavitev enotne in povezane evropske jezikovnotehnološke skupnosti, pri čemer vzpostavljamo vezi med predstavniki močno razdrobljenih in raznovrstnih skupin déležnikov. Ta Bela knjiga je bila pripravljena v kompletu enakih publikacij za 29 drugih jezikov. Skupna tehnološka vizija je bila izdelana v treh področnih skupinah. Ustanovljen je bil Tehnološki svet združenja META, da bi razpravljal o strateškem raziskovalnem načrtu in ga na podlagi vizije pripravil v sodelovanju s celotno jezikovnotehnološko skupnostjo.

META-SHARE ustvarja prosto dostopno infrastrukturo za izmenjavo in deljenje virov. Omrežje enakovrednih (*peer-to-peer*) repozitorijev bo vsebovalo jezikovne podatke, orodja in spletne servise, dokumentirane s kakovostnimi metapodatki in organizirane po standardiziranih kategorijah. Omogočen bo dostop do virov in poenoteno iskanje. Med viri, ki bodo na voljo, so tako brezplačni prostokodni kot tudi komercialni izdelki z omejenim in plačljivim dostopom.

META-RESEARCH gradi mostove do povezanih tehnoloških področij. V okviru te dejavnosti skušamo izkoristiti napredek v drugih disciplinah in izrabiti inovativne raziskave za potrebe jezikovnih tehnologij. Osredotočamo se na izvajanje vrhunskih raziskav na področju strojnega prevajanja, zbiranje podatkov, izdelavo podatkovnih zbirk in sestavljanje jezikovnih virov za evalvacijske namene; sestavljanje seznamov orodij in metodologij; organiziranje delavnic in izobraževanj za člane skupnosti.

office@meta-net.eu – http://www.meta-net.eu

1

EXECUTIVE SUMMARY

During the last 60 years, Europe has become a distinct political and economic structure. Culturally and linguistically it is rich and diverse. However, from Portuguese to Polish and Italian to Icelandic, everyday communication between Europe's citizens, within business and among politicians is inevitably confronted with language barriers. The EU's institutions spend about a billion euros a year on maintaining their policy of multilingualism, i. e., translating texts and interpreting spoken communication. Does this have to be such a burden? Language technology and linguistic research can make a significant contribution to removing the linguistic borders. Combined with intelligent devices and applications, language technology will help Europeans talk and do business together even if they do not speak a common language.

In 2011, total export to EU countires amounted to 71.9% in Slovene economy. In Germany as the largest European economy, trade within the EU accounted for 60.3% of its exports in 2010, and with other European countries totalled another 10.8%. But language barriers can bring business to a halt, especially for SMEs who do not have the financial means to reverse the situation. The only (unthinkable) alternative to this kind of a multilingual Europe would be to allow a single language to take a dominant position, to replace all other languages.

One way to overcome the language barrier is to learn foreign languages. Yet without technological support, mastering the 23 official languages of the member states of the European Union and some 60 other European languages is an insurmountable obstacle for Europe's citizens, economy, political debate, and scientific progress. The solution is to build key enabling technologies: language technologies will offer European stakeholders tremendous advantages, not only within the common European market, but also in trade relations with non-European countries, especially emerging economies. Language technology solutions will eventually serve as a unique bridge between Europe's languages. An indespensable prerequisite for their development is first to carry out a systematic analysis of the linguistic particularities of all European languages, and the current state of language technology support for them.

Language technology builds bridges.

The automated translation and speech processing tools currently available on the market fall short of the envisaged goals. The dominant actors in the field are primarily privately-owned for-profit enterprises based in Northern America. As early as the late 1970s, the EU realised the profound relevance of language technology as a driver of European unity, and began funding its first research projects, such as EUROTRA. At the same time, national projects were set up that generated valuable results, but never led to a concerted European effort. In contrast to these highly selective funding efforts, other multilingual societies such as India (22 official languages) and South Africa (11 official languages) have set up long-term national programmes for language research and technology development.

The predominant actors in LT today rely on imprecise statistical approaches that do not make use of deeper linguistic methods and knowledge. For example, sentences are often automatically translated by comparing each new sentence against thousands of sentences previously translated by humans. The quality of the output largely depends on the size and quality of the available data. While the automatic translation of simple sentences in languages with sufficient amounts of available textual data can achieve useful results, shallow statistical methods are doomed to fail in the case of languages with a much smaller body of sample data or in the case of sentences with complex, non-repetitive structures. Analysing the deeper structural properties of languages is the only way forward if we want to build applications that perform well across the entire range of European languages.

Language technology as a key for the future.

The European Union is thus funding projects such as EuroMatrix and EuroMatrixPlus (since 2006) and iTranslate4 (since 2010), which carry out basic and applied research, and generate resources for establishing high quality language technology solutions for all European languages. Drawing on the insights gained so far, today's hybrid language technology mixing deep processing with statistical methods should be able to bridge the gap between all European languages and beyond. But as this series of white papers shows, there is a dramatic difference between Europe's member states in terms of both the maturity of the research and in the state of readiness with respect to language solutions.

After scrupulous examination and comparison with other languages we can establish that the state of language technologies and resources for Slovene is far from satisfactory, mainly for two reasons. The first reason is rather obvious and stems from the number of speakers of Slovene, which at a little more than 2 million cannot sustain the development of technologies and resources exclusively in commercial environment. On the other hand, Slovene government or institutions designated to take care of the needs of the Slovene speaking community did not succeed in establishing a relevant institutional framework in the last decade, where a systematic and carefully planned development of language specific technologies and resources would take place. Without such an institutional background we cannot expect Slovene to maintain its equal status in the future digital environment. This situation is further complicated by the fact that the study of natural language processing for Slovene is lacking in the academic environment, which represents a long-term problem. To ensure the expected quality of language technologies and resources for Slovene in the future it is therefore imperative that an appropriate programme of their development is designed and institutional framework is established for its implementation.

Language Technology helps unify Europe.

META-NET's vision is high-quality language technology for all languages that supports political and economic unity through cultural diversity. This technology will help tear down existing barriers and build bridges between Europe's languages. This requires all stakeholders – in politics, research, business, and society – to unite their efforts for the future.

This white paper series complements the other strategic actions taken by META-NET (see the appendix for an overview). Up-to-date information such as the current version of the META-NET vision paper [2] or the Strategic Research Agenda (SRA) can be found on the META-NET web site: http://www.meta-net.eu.

2

LANGUAGES AT RISK: A CHALLENGE FOR LANGUAGE TECHNOLOGY

We are witnesses to a digital revolution that is dramatically impacting communication and society. Recent developments in information and communication technology are sometimes compared to Gutenberg's invention of the printing press. What can this analogy tell us about the future of the European information society and our languages in particular?

> The digital revolution is comparable to Gutenberg's invention of the printing press.

After Gutenberg's invention, real breakthroughs in communication were accomplished by efforts such as Luther's translation of the Bible into vernacular language. In subsequent centuries, cultural techniques have been developed to better handle language processing and knowledge exchange:

- the orthographic and grammatical standardisation of major languages enabled the rapid dissemination of new scientific and intellectual ideas;
- the development of official languages made it possible for citizens to communicate within certain (often political) boundaries;
- the teaching and translation of languages enabled exchanges across languages;
- the creation of editorial and bibliographic guidelines assured the quality of printed material;
- the creation of different media like newspapers, radio, television, books, and other formats satisfied different communication needs.

In the past twenty years, information technology has helped to automate and facilitate many processes:

- desktop publishing software has replaced typewriting and typesetting;
- Microsoft PowerPoint has replaced overhead projector transparencies;
- e-mail allows documents to be sent and received more quickly than using a fax machine;
- Skype offers cheap Internet phone calls and hosts virtual meetings;
- audio and video encoding formats make it easy to exchange multimedia content;
- web search engines provide keyword-based access;
- online services like Google Translate produce quick, approximate translations;
- social media platforms such as Facebook, Twitter and Google+ facilitate communication, collaboration, and information sharing.

Although these tools and applications are helpful, they are not yet capable of supporting a fully-sustainable, multilingual European society in which information and goods can flow freely.

2.1 LANGUAGE BORDERS HOLD BACK THE EUROPEAN INFORMATION SOCIETY

We cannot predict exactly what the future information society will look like. However, there is a strong likelihood that the revolution in communication technology is bringing together people who speak different languages in new ways. This is putting pressure both on individuals to learn new languages and especially on developers to create new technology applications to ensure mutual understanding and access to shareable knowledge. In the global economic and information space, there is increasing interaction between different languages, speakers and content thanks to new types of media. The current popularity of social media (Wikipedia, Facebook, Twitter, YouTube, and, recently, Google+) is only the tip of the iceberg.

The global economy and information space confronts us with different languages, speakers and content.

Today, we can transmit gigabytes of text around the world in a few seconds before we recognise that it is in a language that we do not understand. According to a recent report from the European Commission, 57% of Internet users in Europe purchase goods and services in non-native languages; English is the most common foreign language followed by French, German and Spanish. 55% of users read content in a foreign language while 35% use another language to write e-mails or post comments on the Web [3]. A few years ago, English might have been the lingua franca of the Web – the vast majority of content on the Web was in English – but the situation has now drastically changed. The amount of online content in other European (as well as Asian and Middle Eastern) languages has exploded.

Surprisingly, this ubiquitous digital linguistic divide has not gained much public attention; yet, it raises a very pressing question: Which European languages will thrive in the networked information and knowledge society, and which are doomed to disappear?

2.2 OUR LANGUAGES AT RISK

While the printing press helped step up the exchange of information in Europe, it also led to the extinction of many European languages. Regional and minority languages were rarely printed and languages such as Cornish and Dalmatian were limited to oral forms of transmission, which in turn restricted their scope of use. Will the Internet have the same impact on our modern languages?

Europe's approximately 80 languages are one of our richest and most important cultural assets, and a vital part of this unique social model [4]. While languages such as English and Spanish are likely to survive in the emerging digital marketplace, many European languages could become irrelevant in a networked society. This would weaken Europe's global standing, and run counter to the strategic goal of ensuring equal participation for every European citizen regardless of language.

According to a UNESCO report on multilingualism, languages are an essential medium for the enjoyment of fundamental rights, such as political expression, education and participation in society [5].

The variety of languages in Europe is one of its richest and most important cultural assets.

2.3 LANGUAGE TECHNOLOGY IS A KEY ENABLING TECHNOLOGY

In the past, investments in language preservation focussed primarily on language education and translation. According to one estimate, the European market for translation, interpretation, software localisation and website globalisation was €8.4 billion in 2008 and is expected to grow by 10% per annum [6]. Yet this figure covers just a small proportion of current and future needs in communicating between languages. The most compelling solution for ensuring the breadth and depth of language usage in Europe tomorrow is to use appropriate technology, just as we use technology to solve our transport and energy needs among others.

Language technology targeting all forms of written text and spoken discourse can help people to collaborate, conduct business, share knowledge and participate in social and political debate regardless of language barriers and computer skills. It often operates invisibly inside complex software systems to help us already today to:

- find information with a search engine;
- check spelling and grammar in a word processor;
- view product recommendations in an online shop;
- follow the spoken directions of a navigation system;
- translate web pages via an online service.

Language technology consists of a number of core applications that enable processes within a larger application framework. The purpose of the META-NET language white papers is to focus on how ready these core enabling technologies are for each European language.

Europe needs robust and affordable language technology for all European languages.

To maintain our position in the frontline of global innovation, Europe will need language technology, tailored to all European languages, that is robust and affordable and can be tightly integrated within key software environments. Without language technology, we will not be able to achieve a really effective interactive, multimedia and multilingual user experience in the near future.

2.4 OPPORTUNITIES FOR LANGUAGE TECHNOLOGY

In the world of print, the technology breakthrough was the rapid duplication of an image of a text using a suitably powered printing press. Human beings had to do the hard work of looking up, assessing, translating, and summarising knowledge. We had to wait until Edison to record spoken language – and again his technology simply made analogue copies.

Language technology can now simplify and automate the processes of translation, content production, and knowledge management for all European languages. It can also empower intuitive speech-based interfaces for household electronics, machinery, vehicles, computers and robots. Real-world commercial and industrial applications are still in the early stages of development, yet R&D achievements are creating a genuine window of opportunity. For example, machine translation is already reasonably accurate in specific domains, and experimental applications provide multilingual information and knowledge management, as well as content production, in many European languages.

As with most technologies, the first language applications such as voice-based user interfaces and dialogue systems were developed for specialised domains, and often exhibit limited performance. However, there are huge market opportunities in the education and entertainment industries for integrating language technologies into games, edutainment packages, libraries, simulation environments and training programmes. Mobile information services, computer-assisted language learning software, eLearning environments, self-assessment tools and plagiarism detection software are just some of the application areas in which language technology can play an important role. The popularity of social media applications like Twitter and Facebook suggest a need for sophisticated language technologies that can monitor posts, summarise discussions, suggest opinion trends, detect emotional responses, identify copyright infringements or track misuse.

Language technology helps overcome the "disability" of linguistic diversity.

Language technology represents a tremendous opportunity for the European Union. It can help to address the complex issue of multilingualism in Europe – the fact that different languages coexist naturally in European businesses, organisations and schools. However, citizens need to communicate across the language borders of the European Common Market, and language technology can help overcome this final barrier, while supporting the free and open use of individual languages. Looking even further ahead, innovative European multilingual language technology will provide a benchmark for our global partners when they begin to support their own multilingual communities. Language technology can be seen as a form of "assistive" technology that helps overcome the "disability" of linguistic diversity and makes language communities more accessible to each other. Finally, one active field of research is the use of language technology for rescue operations in disaster areas, where performance can be a matter of life and death: Future intelligent robots with cross-lingual language capabilities have the potential to save lives.

2.5 CHALLENGES FACING LANGUAGE TECHNOLOGY

Although language technology has made considerable progress in the last few years, the current pace of technological progress and product innovation is too slow. Widely-used technologies such as the spelling and grammar correctors in word processors are typically monolingual, and are only available for a handful of languages. Online machine translation services, although useful for quickly generating a reasonable approximation of a document's contents, are fraught with difficulties when highly accurate and complete translations are required. Due to the complexity of human language, modelling our tongues in software and testing them in the real world is a long, costly business that requires sustained funding commitments. Europe must therefore maintain its pioneering role in facing the technological challenges of a multiple-language community by inventing new methods to accelerate development right across the map. These could include both computational advances and techniques such as crowdsourcing.

Technological progress needs to be accelerated.

2.6 LANGUAGE ACQUISITION IN HUMANS AND MACHINES

To illustrate how computers handle language and why it is difficult to program them to process different tongues, let's look briefly at the way humans acquire first and second languages, and then see how language technology systems work.

Humans acquire language skills in two different ways. Babies acquire a language by listening to the real interactions between their parents, siblings and other family members. From the age of about two, children produce their first words and short phrases. This is only possible because humans have a genetic disposition to imitate and then rationalise what they hear.

Learning a second language at an older age requires more cognitive effort, largely because the child is not immersed in a language community of native speakers. At school, foreign languages are usually acquired by learning grammatical structure, vocabulary and spelling using drills that describe linguistic knowledge in terms of abstract rules, tables and examples.

Humans acquire language skills in two different ways: learning from examples and learning the underlying language rules.

Moving now to language technology, the two main types of systems acquire language capabilities in a similar manner. Statistical (or data-driven) approaches obtain linguistic knowledge from vast collections of concrete example texts. While it is sufficient to use text in a single language for training, e. g., a spell checker, parallel texts in two (or more) languages have to be available for training a machine translation system. The machine learning algorithm then "learns" patterns of how words, short phrases and complete sentences are translated.

This statistical approach usually requires millions of sentences to boost performance quality. This is one reason why search engine providers are eager to collect as much written material as possible. Spelling correction in word processors, and services such as Google Search and Google Translate, all rely on statistical approaches. The great advantage of statistics is that the machine learns quickly in a continuous series of training cycles, even though quality can vary randomly.

The second approach to language technology, and to machine translation in particular, is to build rule-based systems. Experts in the fields of linguistics, computational linguistics and computer science first have to encode grammatical analyses (translation rules) and compile vocabulary lists (lexicons). This is very time consuming and labour intensive. Some of the leading rule-based machine translation systems have been under constant development for more than 20 years. The great advantage of rule-based systems is that the experts have more detailed control over the language processing. This makes it possible to systematically correct mistakes in the software and give detailed feedback to the user, especially when rule-based systems are used for language learning. However, due to the high cost of this work, rule-based language technology has so far only been developed for a few major languages.

As the strengths and weaknesses of statistical and rule-based systems tend to be complementary, current research focusses on hybrid approaches that combine the two methodologies. However, these approaches have so far been less successful in industrial applications than in the research lab.

As we have seen in this chapter, many applications widely used in today's information society rely heavily on language technology, particularly in Europe's economic and information space. Although this technology has made considerable progress in the last few years, there is still huge potential to improve the quality of language technology systems. In the next section, we describe the role of Slovene in European information society and assess the current state of language technology for the Slovene language.

3

THE SLOVENE LANGUAGE IN THE EUROPEAN INFORMATION SOCIETY

3.1 GENERAL FACTS

It has been estimated that around 2.5 million people around the world speak or understand Slovene, with a vast majority of them living either in the Republic of Slovenia or in the neighbouring areas in Italy, Austria and Hungary. In 2002, during the last national census in Slovenia, 87.8% of the population – of a total of just under 2 million at the time – declared Slovene to be their mother tongue, and another 3.3% claiming that they use Slovene as the language of their everyday communication at home. This amounts to 91.1% of the population using Slovene as their first language and this number puts Slovenia in the group of EU states with the most homogeneous linguistic situation. Among other linguistic groups, native speakers of languages used in former Yugoslavia are by far the largest, with 3.3% of them using a combination of Slovene and their mother tongue for everyday communication and another 1% using only their mother tongue – Bosnian, Croatian, Serbian or Montenegrin. Other smaller communities include speakers of Albanian, Macedonian and Romani [7].

During the last national census in Slovenia in 2002 91.1% of the population declared that they use Slovene as their first language.

Similar to many cases in European history, rather complex developments in the past led to the situation where relatively large Slovene minorities now live in the region Friuli-Venezia Giulia in Italy, in Austrian federal states Kärnten and Steiermark, as well as in the bordering area with Hungary and in Croatian Istria. On the other hand, Italian and Hungarian minorities live in the bordering regions in Slovenia. The constitution grants the right to use their mother tongue to both minorities declaring that the official language in Slovenia is Slovene while "in those municipalities where Italian or Hungarian national communities reside," Italian or Hungarian are also official languages.

In the world, significant communities of immigrants from Slovenia can be found in the USA, Canada, Argentina and Australia. The first due mainly to large waves of economic emigration in the second half of the 19th century and up to the First World War. The other three are predominantly due to political emigration after the Second World War when Slovenia became part of the socialist Federal People's Republic of Yugoslavia. Both communities of Slovenes in the neighbouring countries and those around the world are supported by a government office with the Minister for Slovenes Abroad as the head of the office, which – with the ministerial level of the office – shows high level of concern for Slovene population around the world.

While the first written resources identified as Slovene date from the late 10th century, the language was standardised and described for the first time during the Protestant Reformation in the 16th century. In 1550, Protestant reformer Primož Trubar published first two

Slovene books "Catechismus" and "Abecedarium". The other two most important Protestant works were the Bible translated into Slovene by Jurij Dalmatin and the Slovene Grammar by Adam Bohorič, both published in 1584. In the second half of the 19th century standardisation process was largely concluded, when the new "gajica" script was generally accepted. The most obvious difference between the previously used "bohoričica" script (named after the first grammar writer Adam Bohorič) and the new one was the replacement of the letters ſ and s by s and z, and letter pairs zh, sh, ſh by the accented letters č, ž, š, used also today in the standard 25-letter Slovene alphabet.

Modern standard Slovene is to a large extent still considered as a written standard.

In addition to the often precarious political circumstances hindering the use of Slovene in all spheres of life – throughout history the region had been part of larger political entities, usually with centralisation and unilingual tendencies – the development of standard Slovene was further complicated by the unusually large number of dialects in Slovene given the relatively small number of speakers and the density of the area where dialects are spoken. There are now more than 40 dialects recognised in seven larger dialect groups, a circumstance encapsulated in the popular saying that "every Slovene village has its own speech". Modern standard Slovene is therefore, to a large extent, still considered as a written standard while spoken Slovene consists of a large variety of spoken idioms determined by region, local dialect, age group, education and other demographic factors. Regional standards do exist and are used in general public speech; however, the highest form of Slovene pronunciation – the equivalent of Received Pronunciation in English – is predominantly spoken by professionals at the National Radio and Television or on formal occasions.

3.2 PARTICULARITIES OF THE SLOVENE LANGUAGE

A distinctive feature of Slovene which also has important consequences for computational processing of natural language is the existence of dual grammatical number in the declension of nouns, adjectives, pronouns and numerals, as well as in verb conjugation. Slovene is one of the very rare Indo-European languages where this feature has survived from the hypothetical Proto-Indo-European language. Therefore, in almost all nouns, the dual grammatical number is expressed with different inflections as shown in Table 1 on page 46.

Slovene nouns also show six grammatical cases and three genders with several inflectional paradigms which leads to an explosion of different inflectional forms as shown in Table 2 on page 46.

The situation is even more complex with adjectives which – in addition to case, number and gender – can also express degree and definiteness. One single Slovene adjective *pameten* can therefore show no less than 164 different inflected forms where English, for instance, would only have three: "wise", "wiser", "wisest". It is easy to imagine what kind of workload this imposes on an aspiring learner of Slovene and, from technological point of view, on part-of-speech taggers and parsers dealing with a tag set containing almost 2,000 different grammatical tags. No wonder that the language has been called "something between mathematics and language" by English foreign learners who are not used to having to calculate the inflections for three genders, three numbers and six cases before being able to utter a single word in Slovene. Of course, this is taken into account in courses where Slovene is taught as a foreign language, and teaching strategies have been developed to alleviate the morphological exertion.

Examining the issue from a different angle, it is interesting to observe frequency data on the use of word forms with a particular grammatical number. Studies

	singular	dual	plural
chair (masc.)	stol	stola	stoli
table (fem.)	miza	mizi	mize
window (neut.)	okno	okni	okna

1: Dual grammatical number in the declension of nouns

"chair"	singular	dual	plural
nominative	stol	stola	stoli
genitive	stola	stolov	stolov
dative	stolu	stoloma	stolom
accusative	stol	stola	stole
locative	stolu	stolih	stolih
instrumental	stolom	stoloma	stoli

2: Inflectional paradigm for "chair"

have shown that less than 1% of nouns are actually used with the dual number in real texts while singular is used in 75% of the cases and plural in the rest. Compared to nouns, verbs are more "dualist" with 2.7% of verbs in dual. However, as the dual is used in a relatively marginal number of cases, this may give an indication why the dual gradually disappeared in other languages, a process which can now also be observed in Slovene.

As in most Slavic languages, sentence elements can be permuted and found in almost all positions.

With the abundance of different inflected forms it is predictable that the language would not be strict in fixing the word order in sentences. Indeed, as in most of Slavic languages, sentence elements can be permuted and found in almost all positions. However, different possibilities usually imply that different elements will be emphasised in the sentence, a phenomenon sometimes called topicalisation. A simple five-word sentence *Eva je Adamu dala jabolko* [Eve gave an apple to Adam], composed of a subject, a direct and an indirect object, and a predicator with an auxiliary verb plus a participle forming past tense, can thus produce no less than 120 permutations, some of which are used to make questions, some sound rather odd, some would imply poetic use, but almost all are legitimate in a specific context. If we check just some of them:

- *Eva je Adamu dala jabolko.*
  [closest to neutral word order in Slovene: Eve gave an apple to Adam]
- *Eva je dala jabolko Adamu.*
  [slight stress on: it was Adam to whom...]
- *Adamu je Eva dala jabolko.*
  [stress on: it was the apple that... (and it was Adam to whom...)]
- *Adamu je jabolko dala Eva.*
  [stress on: it was Eve who... (and it was Adam to whom...)]
- *Jabolko je Eva dala Adamu.*

[stress on: it was Adam to whom... (and it is the apple we are talking about)]

- *Jabolko je Adamu dala Eva.*
  [stress on: it was Eve who... (and it is the apple we are talking about)]

All language technology applications for Slovene are affected by these features, particularly by complex morphology and the free word order implying topicalisation issues, together with the rather complex relation between written and spoken language described before.

3.3 RECENT DEVELOPMENTS

In the Slovene collective memory, there are three languages with which a special relation was established in history, all of them connected with political entities that Slovene-speaking regions belonged to during different periods of time. As most of Slovene territory was part of the Habsburg Monarchy in its various forms from the time before the first Slovene standardisation effort in the 16th century until 1918, the first and the most important language was German. The Habsburg Monarchy was a state of many different nationalities and ethnic groups, and its prevailing language policy was a kind of anti-national multilingualism. This meant that the existence and command of various languages was not questioned as long as it did not have emancipatory anti-monarchy implications. The process of standardisation of written Slovene in the 18th and 19th centuries was therefore in many ways determined on one hand by its national emancipatory force regarded with suspicion by the German speaking ruling class, and on the other hand by the struggle to disentangle the genuine Slavic core out of language use affected by German lexis and grammar, mainly by switching to borrowings from other Slavic languages instead of German, or by inventing new lexis when none was at hand. This process defined the basic pattern with which other languages dominant in the environment are still regarded today.

After the First World War and the dissolution of Austrian Empire, Slovene-speaking territories became part of the newly formed entity called the Kingdom of Serbs, Croats and Slovenes, later renamed to the Kingdom of Yugoslavia which transformed into the Socialist Federative Republic of Yugoslavia after the Second World War. With a new environment came a new dominant language, which was in itself an interesting linguistic phenomenon, patched together after linguistic struggles in the 19th century as a mixture of Croatian and Serbian dialects. In the time of Yugoslavia it was called Serbo-Croatian and with its breakup it dissolved into no less than four different official languages. Although these languages are actually the closest linguistic relatives of Slovene, the lexis and syntactic patterns identified as Serbo-Croatian were scrupulously examined by more normatively inspired language experts, while most of the Slovene population learned the language at least passively in school and through television, magazines, comic books, music and other popular media of the period. The male population also learned the language during the 1 year compulsory military service in the Yugoslav People's Army.

In the Slovene collective memory, there are three languages with which a special relation was established in history: German, Serbo-Croatian and English.

This situation changed rather radically when ties were broken with former Yugoslavia after the declaration of independence of Slovenia, and when the war in Croatia and Bosnia started in the beginning of 1990's. Today, after twenty years, a vast majority of the younger population in Slovenia do not know any of these languages and the role of Serbo-Croatian as the presumed endangering force is now effectively over. However, with the advent of the Internet, the processes of globalisation and with the accession of Slovenia to the European Union in 2004, this role was by necessity taken over by the English language. There are now numerous ongoing debates if English is penetrating into and distorting Slovene which – besides expressing general concern – are concentrated on specific areas, such as the names of newly established companies which are required to be "in Slovene", as well as the decline in the use of the Slovene language in certain domains such as higher education and/or research. Besides the most topical issue of "anglicisms" more prescriptive reactions against the pollution of language still involve the notion of "serbo-croatisms" (in most cases, they are not even recognised as stemming from this language by the younger generations), while the bastardised loan words from German or "germanisms" such as "šefla" for *Schöpfkelle* [ladle] or "šraufenciger" for *Schraubenzieher* [screw driver] survive in spoken language but are now rarely found in standard writing. On the other hand, all the different "-isms" are quite commonly used in internet forums, blogs, text messages and other new media, as they are characteristic of the intermediate language between the spoken and the more standardised or controlled written one.

3.4 OFFICIAL LANGUAGE PROTECTION IN SLOVENIA

It is common in languages with a relatively small number of speakers that their language communities are rather sensitive about language use and accordingly, language policy in Slovenia is in many areas perhaps more stringent than in larger language communities. The central institution which by declaration functions as the guardian of Slovene is the Fran Ramovš Institute of Slovene Language of the Slovene Academy of Sciences and Arts. The institute publishes dictionaries and other reference books on Slovene, with the manual called "pravopis" ("correct writing") as the central publication regulating the desired or standardised use of written (and to some extent spoken) Slovene. The last version of the manual was published in 2001 and is also available online [8]. Besides the declaration in Article 11 of the Constitution that "the official language in Slovenia is Slovene", there are two laws which specifically deal with the use of language. The most important one is the Public Use of the Slovene Language Act which was passed in 2004 and also requires that the second legal document concerning language, the Resolution on National Programme for Language Policy, is regularly updated.

The central institution which by declaration functions as the guardian of Slovene is the Fran Ramovš Institute of Slovene Language of the Slovene Academy of Sciences and Arts.

The last Resolution covers the period from 2007–2011 and a new one is currently in preparation. There are three more administrative acts dealing with language use whose titles themselves indicate the areas where legislators felt that language should be regulated:

- Instruction on the manner of organising public events in which foreign languages are used too, from 2005,
- Instructions on establishing linguistic conformity of the business name of any legal person governed by private law or of any natural person engaged in a registered business activity upon the entry into the court register or any other official records, from 2006,
- Regulation on required knowledge of Slovenian language for single professions resp. positions in governmental departments and services, organs of the self-governing local communities, public service contractors and bearers of public authorities, from 2008.

There are 70 more laws which mention or regulate the use of language in some manner. This indicates a considerable level of legislative concern for Slovene which is handled centrally by the Department for Slovene Language within the Ministry of Culture.
One of these laws – Media Act – among other things regulates the share of Slovene music broadcast in radio programmes. When the government planned to reduce the share in 2010, this created a controversy where Slovene musicians protested against these plans and demanded that the share should be raised from 20% to as much as 50%. Radio owners, on the other hand, claimed that Slovene music production is not extensive enough to be able to provide such a large share of (popular) music of sufficient quality.

70 laws mention or regulate the use of language – this indicates a considerable level of legislative concern for Slovene.

3.5 LANGUAGE IN EDUCATION

The majority of pre-school children, basic and upper secondary school pupils in Slovenia attend public kindergartens (98.3%) and schools (99%), which are set up and funded entirely by the state and municipalities. In the school year 2009/10, there were 849 compulsory schools of which three were private (two Waldorf schools, one Catholic) and 136 public and 6 private upper secondary schools [9].
According to legislation in Slovenia, all education and teaching provided as part of the current state curriculum, from pre-school through to university level, must be in Slovene. In pre-school, primary and secondary education, Italian is used in the schools of the Italian minority community, while Hungarian and Slovenian are used in bilingual schools where the Hungarian minority is found. Special arrangements exist for children whose mother tongue is not Slovenian, for the education of Roma children, children of foreign citizens and children of people without citizenship.

According to legislation in Slovenia, all education and teaching provided as part of the current state curriculum, from pre-school through to university level, must be in Slovene.

As speakers of Slovene cannot expect that they will be able to use the language in everyday situations outside of Slovenia and its immediate surroundings, at least not without highly developed LT applications such as machine translation systems, there is a strong consensus in the community that the population should have active command of at least one foreign language. The most popular choice of language is English and in some areas also German. In the present education system, a lot of effort is put into foreign language learning and the first foreign language (basically English) is taught as a compulsory subject from the age of 9. However, the new White Paper on Education from 2011 [10] and the law, which is in parliamentary procedure, suggest that the starting age should be pushed lower, to the age of 7 as the compulsory subject in the curriculum. Schools, however, should provide the possibility of learning English from the age of 6, when pupils enter the 9-year primary school. In many cases, English is taught also within pre-school education in kindergartens, and the changes are geared towards enabling continuous learning of English from early childhood. In the present system, the second foreign language is usually taught from the age of 12 as an optional subject but again, the new White Paper suggests that schools should offer English, as well as French, German, Croatian, Italian, Hungarian, Russian, Spanish and Latin as optional subjects in the second three-year cycle beginning with the age of 9.

A recent survey showed that 92% of the adult population in Slovenia (aged 25–64) can communicate in at least one foreign language, of which 37.2% can use two and 34.1% even three or more languages [11]. It is indicative of the present situation that knowledge of English falls drastically with age group:

- 75.5% in the group from 25 to 34,
- 50% in the group from 35 to 49,
- 27.8% in the population older than 50.

On the other hand, knowledge of German, French and Italian is more constant, with the first at around 30% and the last at around 10%. It is perhaps important to stress that the percentages in the survey refer to different levels of language skills ranging from basic communication skills to advanced knowledge. In general, the data shows that foreign language learning is both an established and consensually supported practice in Slovenia. A more pronounced controversy has been seen over the years regarding the use of Slovene (and English) in higher education, with two opposing lines of language policy. On one hand, the Higher Education Act adopted in 1993 stipulates that – if financed by the state – only those study programmes may be taught in languages other than Slovene which:

- involve the study of foreign languages;
- include lecturers or a large number of students from other countries;
- duplicate the programmes already taught in Slovene.

On the other hand, an OECD survey showed that the share of foreign students studying in Slovenia and Slovenian students studying abroad were among the lowest in the OECD in 2007. Accordingly, OECD recommends that study programmes that are more attractive to foreign students should be developed and that the authorities should relax restrictions on offering courses in non–Slovene languages [12]. Many institutions of higher education are in agreement with the OECD recommendations and see the current language policy as overprotective.

It is expected that the trend will change to a certain extent in this decade as the new Resolution on National Higher Education Programme 2011–2020 from March 2011 stipulates that by the end of the decade:

- all Slovenian higher education institutions will prepare a set of study programs to be offered to foreign students in foreign languages, with a priority on post-graduate study programs;
- Slovenian universities will carry out study programs for mixed groups of students from different countries;
- the proportion of foreign nationals in the overall population of students, higher education teachers, assistants and researchers will increase considerably by 2020, so that together with international activities, it will provide an international character to higher education institutions in Slovenia [13].

3.6 INTERNATIONAL ASPECTS

As expected, the Slovene language does not have a wider international influence and import outside the limits of its community of speakers and the official status of one of the official EU languages. Interestingly enough, there is a specialised scientific domain where expressions from Slovene are actually used as international terms. In "karstology", defined by Oxford English Dictionary as "a field within geomorphology, specializing in the study of karst formations", karst – derived from the German name for the part of Slovenia called Kras – is used as a generic term denoting specific geological phenomena which were first studied in this part of Slovenia in the 19th century. Still today the Kras region is regarded as "the classical karst" in the relevant scientific community. Slovene expressions used internationally include "jama" (cave), "polje" (field), "ponor" (hole; opening) and "struga" (river bed), all of them denoting specific karst phenomena.

Recognition of Slovene literature outside of Slovenia is largely limited to neighbouring countries and to a certain extent to Central Europe and the Balkans, in both cases due to historical connections. The most recognised and translated literary author is Drago Jančar. However, as an ambassador of Slovene science, one of the most prominent and internationally recognised figures from Slovenia has been the philosopher Slavoj Žižek, usually associated with the philosophical traditions of Hegelianism, Marxism and, above all, with Lacanian psychoanalysis. A controversial figure, he has attracted considerable attention and was called everything from an "academic rock star" by the New York Times to "the most dangerous philosopher in the West" by German Der Spiegel magazine. His writings and lectures – sometimes described as lecture-performances – combine themes from pop culture and everyday life with complex philosophical concepts in a provocative way, usually deliberately challenging fundamental and generally accepted ideas of Western philosophy.

Recognition of Slovene literature outside of Slovenia is largely limited to neighbouring countries and to a certain extent to Central Europe and the Balkans, in both cases due to historical connections. The most recognised and translated literary author is Drago Jančar.

However, as an ambassador of Slovene science, one of the most prominent and internationally recognised figures from Slovenia has been the philosopher Slavoj Žižek, usually associated with the philosophical traditions of Hegelianism, Marxism and, above all, with Lacanian psychoanalysis. A controversial figure, he has attracted considerable attention and was called everything from an "academic rock star" by the New York Times to "the most dangerous philosopher in the West" by German Der Spiegel magazine. His writings and lectures – sometimes described as lecture-performances – combine themes from pop culture and everyday life with complex philosophical concepts in a provocative way, usually deliberately challenging fundamental and generally accepted ideas of Western philosophy.

International promotion of the Slovene literature, translations of Slovene authors to foreign languages and support to literary production in general is organised by the Slovenian Book Agency, an independent government agency established in 2009 [14].

As a comparatively small community with a correspondingly small literary production, speakers of Slovene are largely dependent on translation of foreign literature and other book genres. Statistics show that in 2009, 6,139 new books were published, with 71% of the original titles in Slovene and 29% translations. Of these, 1,473 were literary titles with a 37% share of novels, 26% of short prose, 20% of poetry and 1% of drama.

The international study of Slovene language, literature and culture is supported by Slovene state through the Centre for Slovene as a Second/Foreign Language which operates under the auspices of the Department of Slovene Studies at the Faculty of Arts of the University of Ljubljana [15].

> The Slovene language does not have a wider international influence and import outside the limits of its community of speakers and the official status of one of the official EU languages.

The Centre encourages and promotes international research in the Slovene language and literature, organises professional and scientific conferences and develops the infrastructure for attaining, examining and certifying proficiency in Slovene as a second/foreign language. One of the programmes of the Centre, called Slovene at Foreign Universities, enables students around the world to study the Slovene language. It is currently being taught through 57 lectureships, with financial support from the Ministry of Higher Education, Science and Technology.

3.7 SLOVENE ON THE INTERNET

According to the Statistical Office of the Republic of Slovenia, 68% of households had access to the Internet in the first quarter of 2010 (62% with broadband access). Statistics also reveal that 49% of people aged 10 to 74 used the Internet for educational purposes, 44% of people gained new knowledge or information, 26% acquired information for the purpose of learning, and 5% of people participated in online courses (e-learning). Furthermore, 71% of the people had already used a search engine to find information, 58% of them had already sent e-mails with attached files, 30% of them had already posted messages to chat rooms, newsgroups or online discussion forums, 24% of them had already used peer-to-peer file sharing for exchanging movies, music or other files, 22% of them had already used the Internet to make telephone calls and 11% of them had already created a web page. These numbers are likely to increase significantly in the future: 69% of children aged 10–15 use the Internet every day or almost every day and 98% of them use mobile phones [16].

In addition to the ubiquitous international web sites, the most popular web sites on the Slovene part of the Internet are Slovene news portals (24ur.com, rtvslo.si and siol.net), and the local search engine najdi.si. Slovene Wikipedia, as an important source for natural language processing, contains slightly fewer than 115.000 articles, a considerably smaller number than the biggest Wikipedias – English, German and French. However, in the number of articles it is in 35th position close to the Bulgarian, Croatian and Slovak Wikipedias [17]. A successful free content language data project can also be found as part of the Wikisource portal where older literary and other texts are collected and made available on the Internet [18].

In 2010, 69% of children aged 10–15 used the Internet every day or almost every day and 98% of them used mobile phones.

In general terms, the most commonly used web application is web search, which involves the automatic processing of language on multiple levels, as will be described in more detail the second part of this paper. It involves sophisticated Language Technology, differing for each language. For Slovene, a language with very complex morphology, stemming (reducing inflected words to their stem, base or root form) and lemmatisation (grouping together the different inflected forms of a word so they can be analyzed as a single item) are very important. Internet users and providers of web content can also profit from Language Technology in less obvious ways, e. g., if it is used to automatically translate web contents from one language into another. Considering the high costs associated with manually translating content, comparatively little usable Language Technology has been developed and applied compared to the anticipated need. This may be due to the complexity of the Slovene language and the number of technologies involved in typical Language Technology applications.

In the next chapter, we present an introduction to Language Technology and its core application areas as well as an evaluation of the current situation of Language Technology support for Slovene.

4

LANGUAGE TECHNOLOGY SUPPORT FOR SLOVENE

Language technology is used to develop software systems designed to handle human language and are therefore often called "human language technology". Human language comes in spoken and written forms. While speech is the oldest and in terms of human evolution the most natural form of language communication, complex information and most human knowledge is stored and transmitted through the written word. Speech and text technologies process or produce these different forms of language, using dictionaries, rules of grammar, and semantics. This means that language technology (LT) links language to various forms of knowledge, independently of the media (speech or text) in which it is expressed. Figure 3 illustrates the LT landscape.

When we communicate, we combine language with other modes of communication and information media – for example speaking can involve gestures and facial expressions. Digital texts link to pictures and sounds. Movies may contain language in spoken and written form. In other words, speech and text technologies overlap and interact with other multimodal communication and multimedia technologies.

In this section, we will discuss the main application areas of language technology, i. e., language checking, web search, speech interaction, and machine translation. These applications and basic technologies include

- spelling correction
- authoring support
- computer-assisted language learning
- information retrieval
- information extraction
- text summarisation
- question answering
- speech recognition
- speech synthesis

Language technology is an established area of research with an extensive set of introductory literature. The interested reader is referred to the following references: [19, 20, 21, 22, 23].

Before discussing the above application areas, we will briefly describe the architecture of a typical LT system.

4.1 APPLICATION ARCHITECTURES

Software applications for language processing typically consist of several components that mirror different aspects of language. While such applications tend to be very complex, figure 4 shows a highly simplified architecture of a typical text processing system. The first three modules handle the structure and meaning of the text input:

1. Pre-processing: cleans the data, analyses or removes formatting, detects the input languages, and so on.
2. Grammatical analysis: finds the verb, its objects, modifiers and other sentence elements; detects the sentence structure.

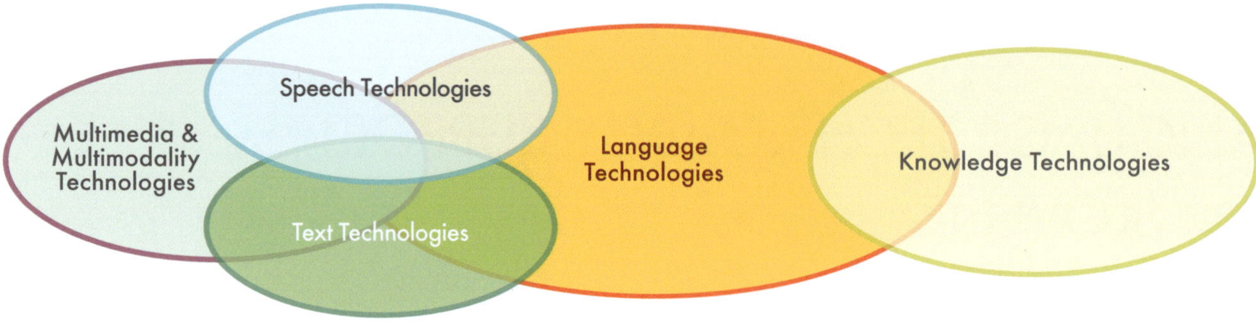

3: Language technologies

3. Semantic analysis: performs disambiguation (i. e., computes the appropriate meaning of words in a given context); resolves anaphora (i. e., which pronouns refer to which nouns in the sentence); represents the meaning of the sentence in a machine-readable way.

After analysing the text, task-specific modules can perform other operations, such as automatic summarisation and database look-ups.

In the remainder of this section, we firstly introduce the core application areas for language technology, and follow this with a brief overview of the state of LT research and education today, and a description of past and present research programmes. Finally, we present an expert estimate of core LT tools and resources for Slovene in terms of various dimensions such as availability, maturity and quality. The general situation of LT for the Slovene language is summarised in figure 9 (p. 66) at the end of this chapter. This table lists all tools and resources that are boldfaced in the text. LT support for Slovene is also compared to other languages that are part of this series.

4.2 CORE APPLICATION AREAS

In this section, we focus on the most important LT tools and resources, and provide an overview of LT activities in Slovenia.

4.2.1 Language Checking

Anyone who has used a word processor such as Microsoft Word knows that it has a spell checker that highlights spelling mistakes and proposes corrections. The first spelling correction programs compared a list of extracted words against a dictionary of correctly spelled

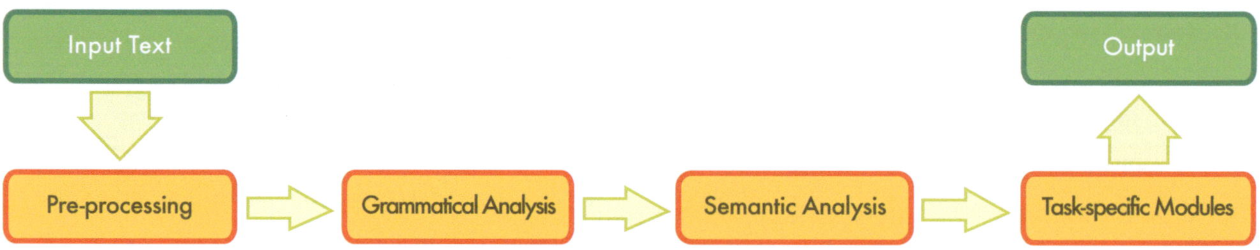

4: A typical text processing architecture

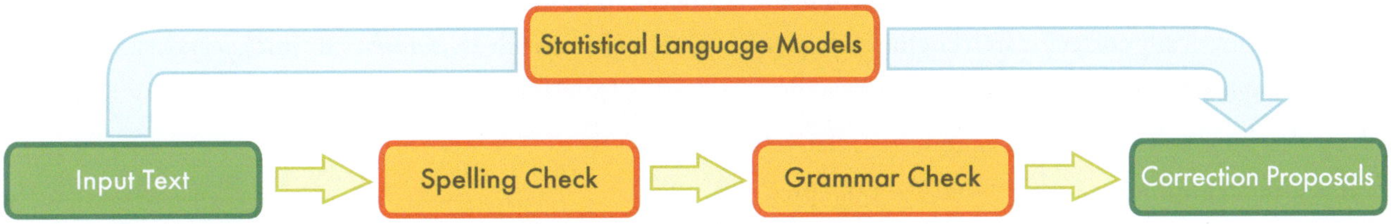

5: Language checking (top: statistical; bottom: rule-based)

words. Today these programs are far more sophisticated. Using language-dependent algorithms for **grammatical analysis**, they detect errors related to morphology (e. g., plural formation) as well as syntax–related errors, such as a missing verb or a conflict of verb-subject agreement (e. g., *she *write a letter*). However, most spell checkers will not find any errors in the following text [24]:

> I have a spelling checker,
> It came with my PC.
> It plane lee marks four my revue
> Miss steaks aye can knot sea.

Handling these kinds of errors usually requires an analysis of the context. For example: whether a word needs to be capitalised in Slovene or not:

- Preselili smo se v *Vodice.*
  [We have moved to Vodice (place name).]
- Limonin vonj brivske *vodice.*
  [Lemon fragrance of the after-shave.]

This type of analysis either needs to draw on language-specific **grammars** laboriously coded into the software by experts, or on a statistical language model. In this case, a model calculates the probability of a particular word as it occurs in a specific position (e. g., between the words that precede and follow it). For example: *brivske vodice* [after-shave (gen.), *vodice* not capitalised] is a much more probable word sequence than *brivske Vodice* [*Vodice* capitalised (as a place name)]. A statistical language model can be automatically created by using a large amount of (correct) language data, a **text corpus**. Most of these two approaches have been developed around data from English. Neither approach can transfer easily to Slovene with its free word order and extremely rich inflection.

Language checking is not limited to word processors; it is also used in "authoring support systems", i. e., software environments in which manuals and other types of technical documentation for complex IT, healthcare, engineering and other products, are written. To offset customer complaints about incorrect use and damage claims resulting from poorly understood instructions, companies are increasingly focusing on the quality of technical documentation while targeting the international market (via translation or localisation) at the same time. Advances in natural language processing have led to the development of authoring support software, which helps the writer of technical documentation to use vocabulary and sentence structures that are consistent with industry rules and (corporate) terminology restrictions.

More sophisticated grammar checking is mainly limited to BesAna, and authoring support systems do not really exist for Slovene.

Besides spell checkers and authoring support, language checking is also important in the field of computer-assisted language learning. Language checking applications also automatically correct search engine queries, as found in Google's *Did you mean...* suggestions.

Spelling checking software for Slovene has a relatively long tradition beginning in early 1990s. The only product that stayed on the market as a standalone package is µBesAna by the Amebis software company [25]. The same company also offers other language checking software such as a grammar checker (BesAna) [26], a hyphenator, a lemmatiser, etc. Free spelling checking modules for Slovene are also available for OpenOffice, Mozilla Firefox/Thunderbird and some other applications such as the najdi.si search engine. On the other hand, more sophisticated grammar checking is mainly limited to BesAna, and authoring support systems do not really exist for Slovene.

4.2.2 Web Search

Searching the Web, intranets or digital libraries is probably the most widely used yet largely underdeveloped language technology application today. The Google search engine, which started in 1998, now handles about 80% of all search queries [56]. The Google search interface and results page display has not significantly changed since the first version. However, in the current version, Google offers spelling correction for misspelled words and incorporates basic semantic search capabilities that can improve search accuracy by analysing the meaning of terms in a search query context [27]. The Google success story shows that a large volume of data and efficient indexing techniques can deliver satisfactory results using a statistical approach to language processing.

For more sophisticated information requests, it is essential to integrate deeper linguistic knowledge to facilitate text interpretation. Experiments using **lexical resources** such as machine-readable thesauri or ontological language resources (e. g., WordNet for English or sloWNet for Slovene [28]) have demonstrated improvements in finding pages using synonyms of the original search terms, such as *atomska* [atomic], *jedrska* and *nuklearna* [nuclear] energy, or even more loosely related terms.

The next generation of search engines will have to include much more sophisticated language technology.

The next generation of search engines will have to include much more sophisticated language technology, especially to deal with search queries consisting of a question or other sentence type rather than a list of keywords. For the query, *Give me a list of all companies that were taken over by other companies in the last five years*, a syntactic as well as **semantic analysis** is required. The system also needs to provide an index to quickly retrieve relevant documents. A satisfactory answer will require syntactic parsing to analyse the grammatical structure of the sentence and determine that the user wants companies that have been acquired, rather than companies that have acquired other companies. For the expression *last five years*, the system needs to determine the relevant range of years, taking into account the present year. The query then needs to be matched against a huge amount of unstructured data to find the pieces of information that are relevant to the user's request. This process is called information retrieval, and involves searching and ranking relevant documents. To generate a list of companies, the system also needs to recognise a particular string of words in a document represents a company name, using a process called named entity recognition.

A more demanding challenge is matching a query in one language with documents in another language. Cross-lingual information retrieval involves automatically translating the query into all possible source languages and then translating the results back into the user's target language.

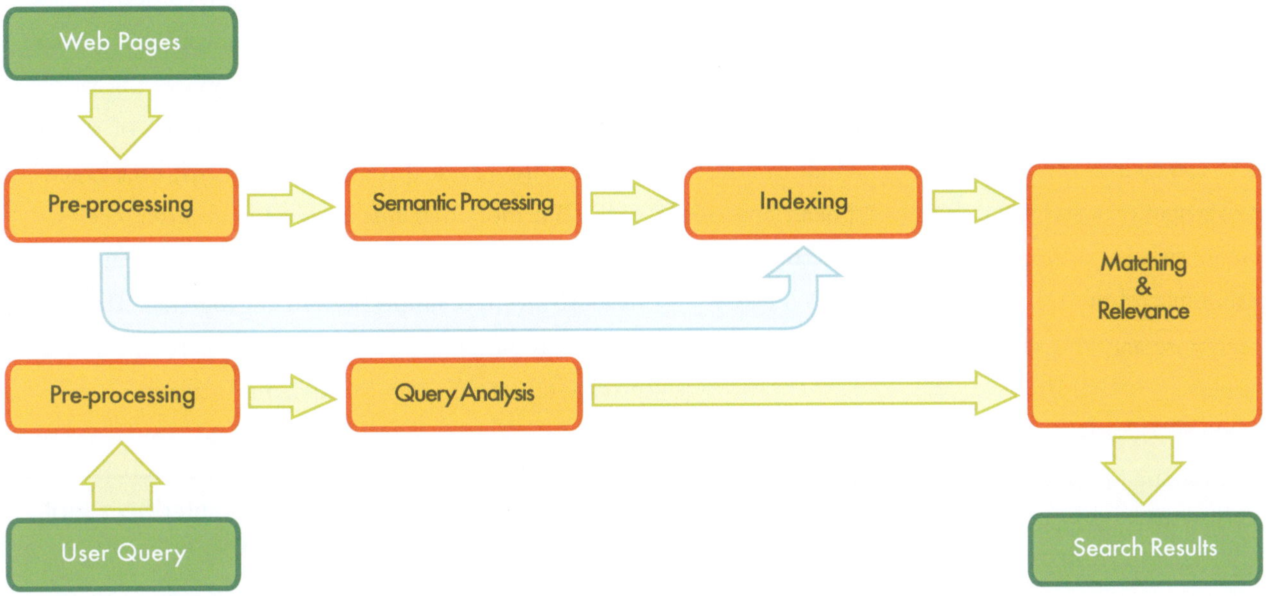

6: Web search

Now that data is increasingly found in non-textual formats, there is a need for services that deliver multimedia information retrieval by searching images, audio files and video data. In the case of audio and video files, a speech recognition module must convert the speech content into text (or into a phonetic representation) that can then be matched against a user query.

Open source technologies like Lucene and Solr are often used by search-focused companies to provide a basic search infrastructure. Other search-based companies rely on international search technologies such as FAST (a Norwegian company acquired by Microsoft in 2008) or the French company Exalead (acquired by Dassault Systèmes in 2010). These companies focus their development on providing add-ons and advanced search engines for special interest portals by using topic-relevant semantics. Due to the constant high demand for processing power, such search engines are only cost-effective when handling relatively small text corpora. The processing time is several thousand times higher than that needed by a standard statistical search engine like Google. These search engines are in high demand for topic-specific domain modelling, but they cannot be used on the Web with its billions and billions of documents.

In the local Slovene context, najdi.si offers search on the Slovene part of the web, as well as its own search solution for intranets, specific web pages etc. It is a well-established portal and can be found among the top sites in Slovenia [29]. However, more sophisticated search techniques have not been developed for Slovene and linguistic processing in search engines is mainly limited to stemming.

4.2.3 Speech Interaction

Speech interaction is one of many application areas that depend on speech technology, i. e., technologies for processing spoken language. Speech interaction technology is used to create interfaces that enable users to interact in spoken language instead of using a graphical display, keyboard and mouse. Today, these voice user interfaces (VUI) are used for partially or fully automated telephone services provided by companies to customers, employees or partners. Business domains that rely heavily on VUIs include banking, supply chain, public transportation, and telecommunications. Other uses of speech interaction technology include interfaces to car navigation systems and the use of spoken language as an alternative to the graphical or touchscreen interfaces in smartphones.

Speech interaction technology comprises four technologies:

1. Automatic **speech recognition** (ASR) determines which words are actually spoken in a given sequence of sounds uttered by a user.
2. Natural language understanding analyses the syntactic structure of a user's utterance and interprets it according to the system in question.
3. Dialogue management determines which action to take given the user input and system functionality.
4. **Speech synthesis** (text-to-speech or TTS) transforms the system's reply into sounds for the user.

One of the major challenges of ASR systems is to accurately recognise the words a user utters. This means restricting the range of possible user utterances to a limited set of keywords, or manually creating language models that cover a large range of natural language utterances. Using machine learning techniques, language models can also be generated automatically from **speech corpora**, i. e., large collections of speech audio files and text transcriptions. Restricting utterances usually forces people to use the voice user interface in a rigid way and can damage user acceptance; but the creation, tuning and maintenance of rich language models will significantly increase costs. VUIs that employ language models and initially allow a user to express their intent more flexibly – prompted by a *How may I help you?* greeting – tend to be automated and are better accepted by users.

Companies tend to use utterances pre-recorded by professional speakers for generating the output of the voice user interface. For static utterances where the wording does not depend on particular contexts of use or personal user data, this can deliver a rich user experience. But more dynamic content in an utterance may suffer from unnatural intonation because different parts of audio files have simply been strung together. Through optimisation, today's TTS systems are getting better at producing natural-sounding dynamic utterances.

Speech interaction is the basis for interfaces that allow a user to interact with spoken language.

Interfaces in speech interaction have been considerably standardised during the last decade in terms of their various technological components. There has also been strong market consolidation in speech recognition and speech synthesis. The national markets in the G20 countries (economically resilient countries with high populations) have been dominated by just five global players, with Nuance (USA) and Loquendo (Italy) being the most prominent players in Europe. In 2011, Nuance announced the acquisition of Loquendo, which represents a further step in market consolidation.

Within the general scope of HLT development for Slovene, at the moment, speech interaction is probably the most mature area. It was also comparatively better supported by national research funding in the past. One could speculate that the reason might be the close relationship of speech processing with the traditionally more established fields of electronics and computer science, compared to the more linguistically oriented research of written text. There are several research centres involved in speech interaction research, among them the Laboratory of Artificial Perception, Systems and Cybernetics at the Faculty of Electrical Engineering, the Laboratory for Architecture and Signal Processing at the Fac-

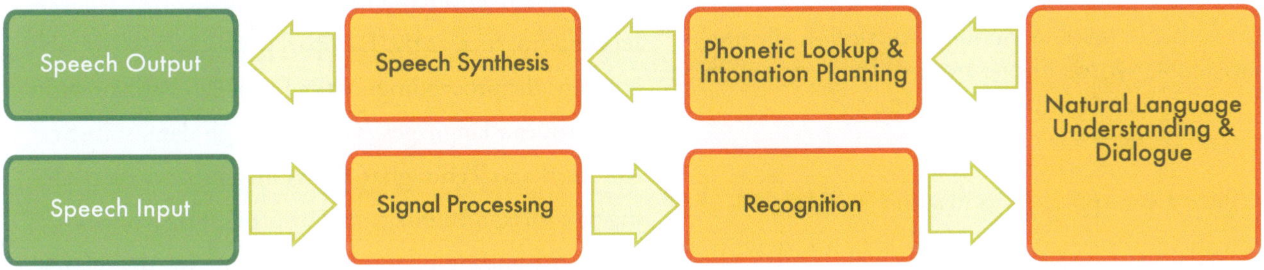

7: Speech-based dialogue system

ulty of Computer and Information Science, both at the University of Ljubljana, as well as the Laboratory for Digital Signal Processing at the Faculty of Electrical Engineering and Computer Science (University of Maribor) and the Department of Intelligent Systems at the "Jožef Stefan" Institute in Ljubljana.

There are two TTS systems available for Slovene on the market, both developed in collaboration between an industrial and an academic partner. The Govorec system was developed in collaboration between the "Jožef Stefan" Institute and the Amebis software company and is used in several applications, e. g., on the National Radio and TV portal, within the e-government portal [30], etc. Another TTS system for Slovene – called Proteus after a Slovene endemic animal – was developed by the Alpineon software company in collaboration with the Faculty of Electrical Engineering (University of Ljubljana) [31]. Between 2004–2008 a group of partners led by Alpineon developed the VoiceTran speech-to-speech translation (SST) system, named after two successive projects with the same title [32]. Another SST system (Babilon) is under development at the Faculty of Electrical Engineering and Computer Science (University of Maribor). The same institution is also involved in the development of a multilingual TTS system called Plattos and a voice control system for telephones (govoFon) [33]. Contrary to the TTS systems, none of the SST systems are available on the market.

Local market products for automatic speech recognition (ASR) of Slovene do not exist outside the systems developed by global ASR players. Existing applications are limited to projects such as the voice controlled information portal for the Lent festival in Maribor [34], the cinema ticket reservation service M-vstopnica [35], and similar. However, these systems may be considered as pilot projects and use vocabulary limited to a predefined list of festival events, movies shown in cinemas etc. Looking ahead, there will be significant changes, due to the spread of smartphones as a new platform for managing customer relationships, in addition to fixed telephones, the Internet and e-mail. This will also affect how speech interaction technology is used. In the long term, there will be fewer telephone-based VUIs, and spoken language apps will play a far more central role as a user-friendly input for smartphones. This will be largely driven by stepwise improvements in the accuracy of speaker-independent speech recognition via the speech dictation services already offered as centralised services to smartphone users.

4.2.4 Machine Translation

The idea of using computers to translate languages goes back to 1946 and was followed by substantial funding for research during the 1950s and again in the 1980s. Yet **machine translation** (MT) still cannot meet its promise of across-the-board automated translation.

At its basic level, Machine Translation simply substitutes words in one natural language with words in another language.

The most basic approach to machine translation is the automatic replacement of the words in a text written in one natural language with the equivalent words of another language. This can be useful in subject domains that have a very restricted, formulaic language such as weather reports. However, in order to produce a good translation of less restricted texts, larger text units (phrases, sentences, or even whole passages) need to be matched to their closest counterparts in the target language. The major difficulty is that human language is ambiguous. Ambiguity creates challenges on multiple levels, such as word sense disambiguation at the lexical level (a *jaguar* is a brand of car or an animal) or the assignment of case on the syntactic level, for example:

The woman saw the car and her husband, too.
[Ženska je videla avto in tudi **svojega moža.**]
[Ženska je videla avto in **njen mož** tudi.]

One way to build an MT system is to use linguistic rules. For translations between closely related languages, a translation using direct substitution may be feasible in cases such as the above example. However, rule-based (or linguistic knowledge-driven) systems often analyse the input text and create an intermediary symbolic representation from which the target language text can be generated. The success of these methods is highly dependent on the availability of extensive lexicons with morphological, syntactic, and semantic information, and large sets of grammar rules carefully designed by skilled linguists. This is a very long and therefore costly process.

In the late 1980s when computational power increased and became cheaper, interest in statistical models for machine translation began to grow. Statistical models are derived from analysing bilingual text corpora, **parallel corpora**, such as the Europarl parallel corpus, which contains the proceedings of the European Parliament in 21 European languages. Given enough data, statistical MT works well enough to derive an approximate meaning of a foreign language text by processing parallel versions and finding plausible patterns of words. Unlike knowledge-driven systems, however, statistical (or data-driven) MT systems often generate ungrammatical output. Data-driven MT is advantageous because less human effort is required, and it can also cover special particularities of the language (e. g., idiomatic expressions) that are often ignored in knowledge-driven systems.

The strengths and weaknesses of knowledge-driven and data-driven machine translation tend to be complementary, so that nowadays researchers focus on hybrid approaches that combine both methodologies. One such approach uses both knowledge-driven and data-driven systems, together with a selection module that decides on the best output for each sentence. However, results for sentences longer than, say, 12 words, will often be far from perfect. A more effective solution is to combine the best parts of each sentence from multiple outputs; this can be fairly complex, as corresponding parts of multiple alternatives are not always obvious and need to be aligned.

There is still a huge potential for improving the quality of MT systems. The challenges involve adapting language resources to a given subject domain or user area, and integrating the technology into workflows that already have term bases and translation memories. The availability of large amounts of bilingual texts is really the key in statistical MT. For Slovene, corpora of parallel texts with several other languages are currently being created, the biggest being Evrokorpus with 74 million words of English-Slovene pair, mainly consisting of legal texts.

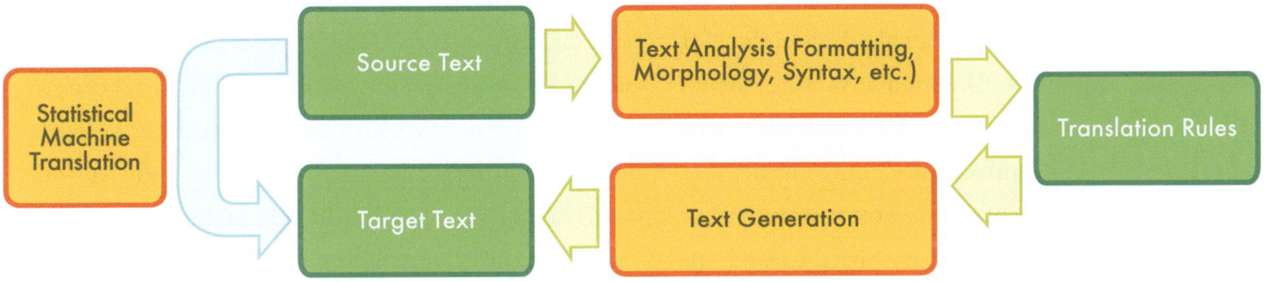

8: Machine translation (left: statistical; right: rule-based)

Evaluation campaigns help to compare the quality of MT systems, the different approaches and the status of the systems for different language pairs. Figure 8 (p. 26), which was prepared during the EC Euromatrix+ project, shows the pair-wise performances obtained for 22 of the 23 official EU languages (Irish was not compared). The results are ranked according to a BLEU score, which indicates higher scores for better translations [37]. A human translator would normally achieve a score of around 80 points.

The best results (in green and blue) were achieved by languages that benefit from a considerable research effort in coordinated programmes and the existence of many parallel corpora (e. g., English, French, Dutch, Spanish and German). The languages with poorer results are shown in red. These languages either lack such development efforts or are structurally very different from other languages (e. g., Hungarian, Maltese and Finnish).

Apart from the well-known freely available Microsoft and Google statistical translation systems, which also include the Slovene language, in the last two decades, only one MT system was developed and brought to market maturity in Slovenia. The Presis translation system developed by the Amebis software company is a rule-based MT system which integrates Translation Memory Technology and can be enhanced by including company-specific terminology [38]. Presis translates from Slovene to English and German and vice versa. A useful web service offering a comparison of all translation systems including Slovene, is available at the iTranslate4.eu web page [39].

Only one MT system was developed and brought to market maturity in Slovenia.

Research in the field of statistical machine translation for Slovene is also conducted at some of the academic institutions in Slovenia. The ACQUIS Communautaire [40] or parallel corpus – 10 million words of legal texts of the European Union – was used for experimenting with translation models at the "Jožef Stefan" Institute and at the Faculty of Mathematics, Natural Sciences and Information Technologies (University of Primorska). Within the speech-to-speech translation (SST) projects mentioned in the previous chapter, statistical machine translation was investigated as part of the Voicetran project and is still actively researched at the Faculty of Electrical Engineering and Computer Science (University of Maribor) in the Babilon project.

4.3 OTHER APPLICATION AREAS

Building language technology applications involves a range of subtasks that do not always surface at the level of interaction with the user, but they provide significant service functionalities "behind the scenes" of the system in question. They all form important research issues that have now evolved into individual sub-disciplines of computational linguistics. Question answering, for example, is an active area of research for which annotated corpora have been built and scientific competitions have been initiated. The concept of question answering goes beyond keyword-based searches (in which the search engine responds by delivering a collection of potentially relevant documents) and enables users to ask a concrete question to which the system provides a single answer. For example:

> *Question: How old was Neil Armstrong when he stepped on the moon?*
> *Answer: 38.*

While question answering is obviously related to the core area of web search, it is nowadays an umbrella term for such research issues as which different types of questions exist, and how they should be handled; how a set of documents that potentially contain the answer can be analysed and compared (do they provide conflicting answers?); and how specific information (the answer) can be reliably extracted from a document without ignoring the context.

Language technology applications often provide significant service functionalities behind the scenes of larger software systems.

Question answering is in turn related to information extraction (IE), an area that was extremely popular and influential when computational linguistics took a statistical turn in the early 1990s. IE aims to identify specific pieces of information in specific classes of documents, such as the key players in company takeovers as reported in newspaper stories. Another common scenario that has been studied is reports on terrorist incidents. The task here consists of mapping appropriate parts of the text to a template that specifies the perpetrator, target, time, location and results of the incident. Domain-specific template-filling is the central characteristic of IE, which makes it another example of a "behind the scenes" technology that forms a well-demarcated research area, which in practice needs to be embedded into a suitable application environment.

Text summarisation and **text generation** are two borderline areas that can act either as standalone applications or play a supporting role. Summarisation attempts to give the essentials of a long text in a short form, and is one of the features available in Microsoft Word. It mostly uses a statistical approach to identify the "important" words in a text (i. e., words that occur very frequently in the text in question but less frequently in general language use) and determine which sentences contain the most of these "important" words. These sentences are then extracted and put together to create the summary. In this very common commercial scenario, summarisation is simply a form of sentence extraction, and the text is reduced to a subset of its sentences. An alternative approach, for which some research has been carried out, is to generate brand new sentences that do not exist in the source text.

Text summarisation applications do not exist for Slovene and there are no question answering and information retrieval projects or relevant data resources available for Slovene.

This requires a deeper understanding of the text, which means that so far this approach is far less robust. On the whole, a text generator is rarely used as a stand-alone application but is embedded into a larger software environment, such as a clinical information system that collects, stores and processes patient data. Creating reports is just one of many applications for text summarisation.

The situation for Slovene in all these research areas is much less developed than for German, French and other languages. This is especially true for English, where question answering, information extraction, and summarisation have been the subject of numerous open competitions, primarily those organised by DARPA/NIST in the United States, since the 1990s. Text summarisation applications do not exist for Slovene and there are no question answering and information retrieval projects or relevant data resources available for Slovene.

4.4 EDUCATIONAL PROGRAMMES

Language technology is a very interdisciplinary field that involves the combined expertise of linguists, computer scientists, mathematicians, philosophers, psycholinguists, and neuroscientists among others It has not yet acquired a fixed place in the Slovene higher education system and is largely limited to isolated courses within The "Jožef Stefan" International Postgraduate School offers a Language Technologies module within the Information and Communication Technologies study programme, with the module being defined as part of the Knowledge Technologies research area. In the module, particular attention is given to web and multimedia mining, and to text corpora, large datasets of annotated texts, which serve as the basic infrastructure necessary for the research and processing of individual languages, including the analysis of language corpora with machine learning methods. The focus of the course is on processing of the Slovene language.

Courses in computational linguistics are also offered within other post-graduate programmes. The Faculty of Electrical Engineering and Computer Science (University of Maribor) offers a 30-hour Language Technologies course within the Computer and Infor-mation Science programme and the Faculty of Arts (University of Ljubljana) offers a Computational Lexicography course within the Translation Studies programme. These courses are mainly related to written text technologies.

Another line of LT courses is connected with Speech Interaction. These themes are mainly taught within undergraduate and post-graduate studies at technical faculties such as the Faculty of Electrical Engineering (University of Ljubljana) and the Faculty of Electrical Engineering and Computer Science (University of Maribor). However, all the courses mentioned above are considered as more or less marginal within the more general study programs, either in linguistics or in electrical engineering or computer science.

4.5 NATIONAL PROJECTS AND INITIATIVES

In general, it can be stated that in the last two decades language technology for Slovene was never supported by a consistently devised national funding scheme. The process of the development of HLT applications, tools and resources for Slovene has been therefore a mixture of international projects extending their scope from Western European languages to Central and Eastern Europe with a view toward the EU enlargement process, national research funding where speech interaction was the dominant research area, and the enthusiasm of individuals involved in LT or of larger groups working on the localisation of free software such as Linux, OpenOffice, etc., to Slovene. The number of private Slovene companies working in the LT field can be narrowed down to two [41, 42], both also supported by research or other national funding. The linguistic side of language technologies is also covered by Trojina, Institute for Applied Slovene Studies [43].

As usual, language technologies for Slovene began with spelling checkers at the very beginning of 1990s, largely left to private initiative. The first international and national funding came a few years later when "Jožef Stefan" Institute entered the Multext-East (1995–1997) extension of the previous MULTEXT and EAGLES EU projects. MULTEXT-East provided the first Slovene language resources in a standardised format with standard markup and annotation, and these resources were later expanded and upgraded in the ELAN (European Language Activity Network 1998–1999), TELRI I in II (Trans European Language Resources Infrastructure 1995–1998 / 1999–2001) and Concede (Consortium for Central European Dictionary Encoding 1998–2000) projects.

> Language technology for Slovene was never supported by a consistently devised national funding scheme.

At the same time, speech technologies began to be funded in international (SQEL: Spoken Queries in European Languages 1995–1997) and national projects (ARTES 1995–1998, ARGOS 1998–2001, etc.) with the participation of the players which are still active in the field: the Faculty of Electrical Engineering and the Faculty of Computer and Information Science (University of Ljubljana), Faculty of Electrical Engineering and Computer Science (University of Maribor) and "Jožef Stefan" Institute (Department of Intelligent Systems). This trend continued in 2000s, when the Alpineon software company – a spin-off from the Faculty of Electrical Engineering (University of Ljubljana) – led a large consortium in the Voicetran project (2004–2008), the biggest national speech interaction project to date [32]. In the same period, the Faculty of Electrical Engineering and Computer Science (University of Maribor) participated in the big EU LC-Star project (Lexica and Corpora for Speech-to-Speech Translation Components 2002–2006), as well as some other EU projects. A line of large written corpora, FIDA and FidaPLUS, was first funded by private initiative in 1997–2000 and then by a series of national projects in 2003–2006 [44]. Another line of large corpora – called "Nova beseda" (New word) – was developed at the Fran Ramovš Institute of Slovene Language at about the same time, but these were never linguistically annotated, though an alternative annotation system was developed at the same institution [45]. A new standardisation effort concerning a morpho-syntactic tagging system – with origins in the MULTEXT-East project and used in the annotation of the FIDA line of corpora – and a newly developed syntactic annotation system was funded in the JOS project (Linguistic annotation of Slovene 2007–2009) [46]. The results of the project are now used in a large European Social Fund project "Communication of Slovene" (2008–2013), led by the Amebis software company, where a new tagger and parser is being developed along with an upgrade of the FidaPLUS corpus to more than 1 billion word Gigafida corpus [47].

An internationally recognised team working in the area of artificial intelligence, which includes language technologies both for English and for Slovene, is located in the Artificial Intelligence Laboratory at the "Jožef Stefan" Institute. Its main research areas are data analysis with an emphasis on text, web and cross-modal data, scalable real-time data analysis, visualisation of complex data and semantic technologies [48].

Statistical data on national research funding shows that 18 national research projects were funded in the field of speech interaction from 1995 to 2010, 9 in the field of written language technologies and 3 in the digitisation of (historical) resources. However, language technology as a field has never seen a more consistent national effort in the sense of building a LT language infrastructure for Slovene, exemplified by the German COLLATE project or TST Centrale for Dutch. Slovenia also did not actively participate in the CLARIN EU project aimed at prototyping a research infrastructure, which could provide digital language resources for the humanities. As a result, many LT research and application areas for Slovene are seriously underdeveloped and left to the enthusiasm of individual participants or to the localisation of the LT solutions of big multinational corporations. An example of the first is the Kolos/Klepec chatbot program developed as a toy project within the Amebis software company [49]. An example of the other is Artificial Solutions Virtual Assistant used by the Tax Administration of the Republic of Slovenia and by the Slovene Telekom company [50].

Nevertheless, the Language Technology community in Slovenia does exist and is organised in the Slovenian Language Technologies Society which was founded in 1998 [51]. It organises conferences on language technologies, which take place every second year within the metaconference Information Society at the "Jožef Stefan" Institute in Ljubljana. It occasionally holds panel discussions on language technologies in Slovenia and supports JOTA seminars – a series of talks on NLP-related topics by Slovene and foreign researchers at the Faculty of Arts in Ljubljana [52]. In 2011 it is also organizing the 23rd European Summer School in Logic, Language and Information in Ljubljana [53].

4.6 AVAILABILITY OF TOOLS AND RESOURCES

Figure 9 provides a rating for language technology support for the Slovene language. This rating of existing tools and resources was generated by leading experts in the field who provided estimates based on a scale from 0 (very low) to 6 (very high) using seven criteria [54].

The key results for Slovene language technology can be summed up as follows:

- Tools for tokenisation, POS tagging and morphological analysis exist, also for parsing, but there is lack of tools for other advanced technologies such as word sense disambiguation, identification of argument structure or semantic roles, coreference resolution, identification of text structure, coherence, rhetorical structure, argumentative zoning, argumentation, text patterns, text types, text indexing, multi-media IR, crosslingual IR etc.
- Speech synthesis is the more developed field within speech technologies. Speech recognition is limited to basic applications and tools. Availability of tools and resources in speech technologies is generally limited due to copyright issues.
- Quantity of all resources is a serious issue. Even in the cases where these are of high quality and available, they are not very extensive. The only resource where quantity is not problematic is reference corpora and to some extent also Slovene WordNet.
- A common infrastructure for storing, maintaining and distribution of the existing resources and tools is needed as well as a common organisational umbrella for all active players in the field.

To conclude, more effort has to be put into the creation of resources for Slovene and to language technology research. The quality of the existing resources is relatively good, the problem is in non-existant resources and tools as well as in their maintenance and distribution.

4.7 CROSS-LANGUAGE COMPARISON

The current state of LT support varies considerably from one language community to another. In order to compare the situation between languages, this section will present an evaluation based on two sample application areas (machine translation and speech processing) and one underlying technology (text analysis), as well as basic resources needed for building LT applications. The languages were categorised using the following five-point scale:

	Quantity	Availability	Quality	Coverage	Maturity	Sustainability	Adaptability
Language Technology: Tools, Technologies and Applications							
Speech Recognition	2	1	3	2	3	4	3
Speech Synthesis	4	2	5	3	3	5	5
Grammatical analysis	2.5	4	4.5	3.5	3	3	4.5
Semantic analysis	0.3	0.7	1.3	0.7	0.3	1.0	1.7
Text generation	0	0	0	0	0	0	0
Machine translation	3	2	3	4	3	1	3
Language Resources: Resources, Data and Knowledge Bases							
Text corpora	3	5.5	5	3.5	3.5	3.5	5
Speech corpora	2	2	4	3	4	3	1
Parallel corpora	3	3	4	2	3	4	3
Lexical resources	2.5	4	3.5	2.5	3	4	5
Grammars	1	1	3	2	1	1	2

9: State of language technology support for Slovene

1. Excellent support
2. Good support
3. Moderate support
4. Fragmentary support
5. Weak or no support

LT support was measured according to the following criteria:

Speech Processing: Quality of existing speech recognition technologies, quality of existing speech synthesis technologies, coverage of domains, number and size of existing speech corpora, amount and variety of available speech-based applications.

Machine Translation: Quality of existing MT technologies, number of language pairs covered, coverage of linguistic phenomena and domains, quality and size of existing parallel corpora, amount and variety of available MT applications.

Text Analysis: Quality and coverage of existing text analysis technologies (morphology, syntax, semantics), coverage of linguistic phenomena and domains, amount and variety of available applications, quality and size of existing (annotated) text corpora, quality and coverage of existing lexical resources (e. g., WordNet) and grammars.

Resources: Quality and size of existing text corpora, speech corpora and parallel corpora, quality and coverage of existing lexical resources and grammars.

Figures 10 to 13 show that the state of support for Slovene is comparable with languages like Slovak, Hungarian, Estonian and similar, but also with languages not belonging to the group of official EU languages (Catalan, Basque, Galician), but which were supported by national or EU funding in the past. This shows that it is necessary to bring also Slovene into European LT research community and to provide a more consistent national funding.

4.8 CONCLUSIONS

In this series of white papers, we have made an important effort by assessing the language technology support for 30 European languages, and by providing a high-level comparison across these languages. By identifying the gaps, needs and deficits, the European language technology community and its related stakeholders are now in a position to design a large scale research and development programme aimed at building a truly multilingual, technology-enabled communication across Europe.

The results of this white paper series show that there is a dramatic difference in language technology support between the various European languages. While there are good quality software and resources available for some languages and application areas, others, usually smaller languages, have substantial gaps. Many languages lack basic technologies for text analysis and the essential resources. Others have basic tools and resources but the implementation of for example semantic methods is still far away. Therefore a large-scale effort is needed to attain the ambitious goal of providing high-quality language technology support for all European languages, for example through high quality machine translation.

Finally there is a lack of continuity in research and development funding. Short-term coordinated programmes tend to alternate with periods of sparse or zero funding. In addition, there is an overall lack of coordination with programmes in other EU countries and at the European Commission level.

For Slovene, it seems that the most important actions can be narrowed down to establishing a national infrastructure for maintenance and distribution of the existing tools and resources, providing a consistent long-term plan of developing new tools and resources and creating a Slovene-specific language tehnology programme to be included in higer education.

The long term goal of META-NET is to enable the creation of high-quality language technology for all languages. This requires all stakeholders – in politics, research, business, and society – to unite their efforts. The resulting technology will help tear down existing barriers and build bridges between Europe's languages, paving the way for political and economic unity through cultural diversity.

Excellent support	Good support	Moderate support	Fragmentary support	Weak/no support
	English	Czech	Basque	Croatian
		Dutch	Bulgarian	Icelandic
		Finnish	Catalan	Latvian
		French	Danish	Lithuanian
		German	Estonian	Maltese
		Italian	Galician	Romanian
		Portuguese	Greek	
		Spanish	Hungarian	
			Irish	
			Norwegian	
			Polish	
			Serbian	
			Slovak	
			Slovene	
			Swedish	

10: Speech processing: state of language technology support for 30 European languages

Excellent support	Good support	Moderate support	Fragmentary support	Weak/no support
	English	French	Catalan	Basque
		Spanish	Dutch	Bulgarian
			German	Croatian
			Hungarian	Czech
			Italian	Danish
			Polish	Estonian
			Romanian	Finnish
				Galician
				Greek
				Icelandic
				Irish
				Latvian
				Lithuanian
				Maltese
				Norwegian
				Portuguese
				Serbian
				Slovak
				Slovene
				Swedish

11: Machine translation: state of language technology support for 30 European languages

Excellent support	Good support	Moderate support	Fragmentary support	Weak/no support
	English	Dutch	Basque	Croatian
		French	Bulgarian	Estonian
		German	Catalan	Icelandic
		Italian	Czech	Irish
		Spanish	Danish	Latvian
			Finnish	Lithuanian
			Galician	Maltese
			Greek	Serbian
			Hungarian	
			Norwegian	
			Polish	
			Portuguese	
			Romanian	
			Slovak	
			Slovene	
			Swedish	

12: Text analysis: state of language technology support for 30 European languages

Excellent support	Good support	Moderate support	Fragmentary support	Weak/no support
	English	Czech	Basque	Icelandic
		Dutch	Bulgarian	Irish
		French	Catalan	Latvian
		German	Croatian	Lithuanian
		Hungarian	Danish	Maltese
		Italian	Estonian	
		Polish	Finnish	
		Spanish	Galician	
		Swedish	Greek	
			Norwegian	
			Portuguese	
			Romanian	
			Serbian	
			Slovak	
			Slovene	

13: Speech and text resources: state of support for 30 European languages

ABOUT META-NET

META-NET is a Network of Excellence partially funded by the European Commission. The network currently consists of 54 research centres in 33 European countries [55]. META-NET forges META, the Multilingual Europe Technology Alliance, a growing community of language technology professionals and organisations in Europe. META-NET fosters the technological foundations for a truly multilingual European information society that:

- makes communication and cooperation possible across languages;
- grants all Europeans equal access to information and knowledge regardless of their language;
- builds upon and advances functionalities of networked information technology.

The network supports a Europe that unites as a single digital market and information space. It stimulates and promotes multilingual technologies for all European languages. These technologies support automatic translation, content production, information processing and knowledge management for a wide variety of subject domains and applications. They also enable intuitive language-based interfaces to technology ranging from household electronics, machinery and vehicles to computers and robots. Launched on 1 February 2010, META-NET has already conducted various activities in its three lines of action META-VISION, META-SHARE and META-RESEARCH.

META-VISION fosters a dynamic and influential stakeholder community that unites around a shared vision and a common strategic research agenda (SRA). The main focus of this activity is to build a coherent and cohesive LT community in Europe by bringing together representatives from highly fragmented and diverse groups of stakeholders. The present White Paper was prepared together with volumes for 29 other languages. The shared technology vision was developed in three sectorial Vision Groups. The META Technology Council was established in order to discuss and to prepare the SRA based on the vision in close interaction with the entire LT community.

META-SHARE creates an open, distributed facility for exchanging and sharing resources. The peer-to-peer network of repositories will contain language data, tools and web services that are documented with high-quality metadata and organised in standardised categories. The resources can be readily accessed and uniformly searched. The available resources include free, open source materials as well as restricted, commercially available, fee-based items.

META-RESEARCH builds bridges to related technology fields. This activity seeks to leverage advances in other fields and to capitalise on innovative research that can benefit language technology. In particular, the action line focuses on conducting leading-edge research in machine translation, collecting data, preparing data sets and organising language resources for evaluation purposes; compiling inventories of tools and methods; and organising workshops and training events for members of the community.

office@meta-net.eu – http://www.meta-net.eu

A

BIBLIOGRAFIJA REFERENCES

[1] Aljoscha Burchardt, Markus Egg, Kathrin Eichler, Brigitte Krenn, Jörn Kreutel, Annette Leßmöllmann, Georg Rehm, Manfred Stede, Hans Uszkoreit, and Martin Volk. *Die Deutsche Sprache im Digitalen Zeitalter – The German Language in the Digital Age*. META-NET White Paper Series. Georg Rehm and Hans Uszkoreit (Series Editors). Springer, 2012.

[2] Aljoscha Burchardt, Georg Rehm, and Felix Sasaki. The Future European Multilingual Information Society – Vision Paper for a Strategic Research Agenda (Prihodnost evropske večjezične informacijske družbe – prispevek k viziji strateškega raziskovalnega načrta), 2011. http://www.meta-net.eu/vision/reports/meta-net-vision-paper.pdf.

[3] Directorate-General Information Society & Media of the European Commission (Generalni direktorat Evropske komisije Informacijska družba in mediji). User Language Preferences Online (Jezikovne izbire uporabnikov spleta), 2011. http://ec.europa.eu/public_opinion/flash/fl_313_en.pdf.

[4] European Commission (Evropska komisija). Multilingualism: an Asset for Europe and a Shared Commitment (Večjezičnost: evropska prednost in skupna obveza), 2008. http://ec.europa.eu/languages/pdf/comm2008_en.pdf.

[5] Directorate-General of the UNESCO (Generalni direktorat UNESCA). Intersectoral Mid-term Strategy on Languages and Multilingualism (Medodsečna srednjeročna strategija o jezikih in večjezičnosti), 2007. http://unesdoc.unesco.org/images/0015/001503/150335e.pdf.

[6] Directorate-General for Translation of the European Commission (Generalni direktorat Evropske komisije Prevajanje). Size of the Language Industry in the EU (Velikost jezikovne industrije v Evropski uniji), 2009. http://ec.europa.eu/dgs/translation/publications/studies.

[7] Statistični urad Republike Slovenije (Statistical Office of the Republic of Slovenia). Verska, jezikovna in narodna sestava prebivalstva Slovenije – Popisi 1921–2002 (religious, linguistic and national structure of the population of slovenia – censuses 1921–2002), 2003. http://www.stat.si/popis2002/gradivo/2-169.pdf.

[8] Znanstvenoraziskovalni center Slovenske akademije znanosti in umetnosti, Inštitut za slovenski jezik Frana Ramovša (Research Centre of the Slovenian Academy of Sciences & Arts, and Fran Ramovš Institute of the Slovenian Language). Slovenski pravopis 2001, Spletna izdaja (Slovene spelling guide 2001, online edition), 2010. http://bos.zrc-sazu.si/sp2001.html.

[9] Eurydice and European Comission (Eurydice, Evropska komisija). National system overviews on education systems in Europe, 2011 Edition. (Pregled nacionalnih sistemov izobraževanja v Evropi, izdaja 2011), 2011. http://eacea.ec.europa.eu/education/eurydice/documents/eurybase/national_summary_sheets/047_SI_EN.pdf.

[10] Nacionalna strokovna skupina za pripravo Bele knjige o vzgoji in izobraževanju v RS (The National Specialist Group for the Preparation of the White Paper on Education in the Republic of Slovenia). Bela knjiga o vzgoji in izbraževanju na spletu (White Paper on Education on the web), 2011. http://www.belaknjiga2011.si/.

[11] Statistični urad Republike Slovenije (Statistical Office of the Republic of Slovenia). Izobraževanje odraslih po Anketi o izobraževanju odraslih, Slovenija, 2007 (Adult Education Survey results, Slovenia, 2007), 2010. http://www.stat.si/.

[12] OECD. OECD Economic Surveys: SLOVENIA, FEBRUARY 2011 OVERVIEW (Ekonomska raziskava OECD: Slovenija, februar 2011, pregled), 2011. http://www.oecd.org/dataoecd/6/35/47103634.pdf.

[13] Uradni list RS (Official Gazette of Rebublic Slovenia). Resolucija o Nacionalnem programu visokega šolstva 2011–2020, Ur. l. RS, št. 41/2011. (Resolution on National programme of higher education 2011–2020), 2011.

[14] Javna agencija za knjigo Republike Slovenije (Slovenian Book Agency). http://www.jakrs.si/.

[15] Center za slovenščino kot drugi/tuji jezik (The Centre for Slovene as a Second/Foreign Language). http://www.centerslo.net/.

[16] Statistični urad Republike Slovenije (Statistical Office of the Republic of Slovenia). Uporaba informacijsko-komunikacijske tehnologije v podjetjih, podrobni podatki, Slovenija, 2011 – končni podatki (Usage of information-communication technologies in enterprises, detailed data, Slovenia, 2010 – final data), 2011. http://www.stat.si/.

[17] Wikipedia metadata. http://meta.wikimedia.org/wiki/List_of_Wikipedias.

[18] Wikivir (Wikisource). http://sl.wikisource.org/wiki/Glavna_stran.

[19] Kai-Uwe Carstensen, Christian Ebert, Cornelia Ebert, Susanne Jekat, Hagen Langer, and Ralf Klabunde, editors. *Computerlinguistik und Sprachtechnologie: Eine Einführung (Računalniško jezikoslovje in govorne tehnologije: uvod).* Spektrum Akademischer Verlag, 2009.

[20] Daniel Jurafsky and James H. Martin. *Speech and Language Processing (2nd Edition) (Obdelava govora in jezika).* Prentice Hall, 2009.

[21] Christopher D. Manning and Hinrich Schütze. *Foundations of Statistical Natural Language Processing (Osnove statistične obdelave naravnega jezika).* MIT Press, 1999.

[22] Language Technology World (LT World, jezikovnotehnološki spletni portal). http://www.lt-world.org/.

[23] Ronald Cole, Joseph Mariani, Hans Uszkoreit, Giovanni Battista Varile, Annie Zaenen, and Antonio Zampolli, editors. *Survey of the State of the Art in Human Language Technology (Studies in Natural Language Processing) (Pregled stanja na področju jezikovnih tehnologij (Študije o strojni obdelavi naravnih jezikov)).* Cambridge University Press, 1998.

[24] Jerrold H. Zar. Candidate for a Pullet Surprise. *Journal of Irreproducible Results*, page 13, 1994.

[25] µBesAna – črkovalnik (µBesAna spelling checker). http://www.amebis.si/izdelki/crkovalnik/.

[26] BesAna – slovnični pregledovalnik (BesAna grammar checker). http://besana.amebis.si/.

[27] Juan Carlos Perez. Google Rolls out Semantic Search Capabilities (Google objavlja možnost semantičnega iskanja), 2009. http://www.pcworld.com/businesscenter/article/161869/google_rolls_out_semantic_search_capabilities.html.

[28] Slovene WordNet – sloWNet. http://lojze.lugos.si/~darja/slownet.html.

[29] MOSS – merjenje obiskanosti spletnih strani (Online Audience Measurement MOSS). http://www.moss-soz.si/si/rezultati_moss/obdobje/default.html.

[30] Govorec – sintetizator govora (Govorec speech synthesis software). http://govorec.amebis.si/branje/, http://dis.ijs.si/rtv-govorec/, http://e-uprava.gov.si/e-uprava/portalStran.euprava?pageid=631.

[31] Proteus – sintetizator govora (Proteus speech synthesis software). http://www.alpineon.com/proteus/test/eng.html.

[32] Glasovni prevajalnik in poliglot VoiceTRAN (VoiceTRAN Speech-to-Speech Communicator). http://www.voicetran.org/, http://www.voicetran.org/flash/index.html.

[33] Laboratorij za digitalno procesiranje signalov, Univerza v Mariboru (Laboratory for Digital Signal Processing, University of Maribor). http://www.dsplab.uni-mb.si/.

[34] Andrej Žgank, Matej Rojc, Bojan Kotnik, Damjan Vlaj, Mirjam Sepesy Maučec, Tomaž Rotovnik, Zdravko Kačič, Aleksandra Zögling Markuš, and Bogomir Horvat. Govorno voden informacijski portal LentInfo – predhodna analiza rezultatov (Information-Providing System for the Festival Lent Programme). In *Language technologies: proceedings of the conference / Information Society Multi-Conference, IS 2002, 14.–15. Oktober 2002*, Ljubljana, 2002. Institute "Jožef Stefan".

[35] M-vstopnica – sistem dialoga (M-vstopnica dialog system). http://www.kolosej.si/vstopnice/m-vstopnica/.

[36] Philipp Koehn, Alexandra Birch, and Ralf Steinberger. 462 Machine Translation Systems for Europe (462 sistemov strojnega prevajanja za Evropo). In *Proceedings of MT Summit XII*, 2009.

[37] Kishore Papineni, Salim Roukos, Todd Ward, and Wei-Jing Zhu. BLEU: A Method for Automatic Evaluation of Machine Translation (BLEU: metoda za avtomatsko evalvacijo strojnega prevajanja). In *Proceedings of the 40th Annual Meeting of ACL*, Philadelphia, PA, 2002.

[38] Presis – prevajalni sistem (Presis translation system). http://presis.amebis.si/prevajanje/.

[39] iTranslate4: Internet Translators for all European Languages, ICT Policy Support Programme (iTranslate4: spletni prevajalniki za vse evropske jezike, Program podpora politikam IKT). http://itranslate4.eu/.

[40] Slovensko-angleški korpus SVEZ-IJS ACQUIS (The SVEZ-IJS English-Slovene ACQUIS Corpus). http://nl.ijs.si/svez/.

[41] Alpineon (Language Technology Company). http://www.alpineon.com/.

[42] Amebis (Language Technology Company). http://www.amebis.si/.

[43] Trojina, zavod za uporabno slovenistiko (Trojina, Institute for Applied Slovene Studies). http://www.trojina.si/.

[44] FidaPLUS, referenčni korpus (FidaPLUS reference corpus). http://www.fidaplus.net/.

[45] Nova beseda, pisni korpus (Nova beseda written corpus). http://bos.zrc-sazu.si/.

[46] Projekt JOS: jezikoslovno označevanje slovenskega jezika (Project JOS: Linguistic Annotation of Slovene). http://nl.ijs.si/jos/.

[47] Projekt "Sporazumevanje v slovenskem jeziku" (Project "Communication in Slovene"). http://www.slovenscina.eu/.

[48] Laboratorij za umetno inteligenco, Institut "Jožef Stefan" (Artificial Intelligence Laboratory, "Jožef Stefan" Institute). http://ailab.ijs.si/.

[49] Klepec – klepetalnik (Klepec chatbot system). http://klepec.amebis.si/.

[50] Virtualni pomočniki (Virtual Assistents). http://www.durs.gov.si/si/vida/vida, http://www.siol.net/storitve/tia.aspx.

[51] Slovensko društvo za jezikovne tehnologije (The Slovenian Language Technologies Society). http://www.sdjt.si/, http://www.sdjt.si/konference.html.

[52] JOTA: Jezikovnotehnološki abonma (JOTA language technology lecture series). http://lojze.lugos.si/jota/.

[53] European Summer School in Logic, Language and Information 2011, Ljubljana, Slovenia. http://esslli2011.ijs.si/.

[54] Dr. Darja Fišer, Faculty of Arts, University of Ljubljana, Dr. Tomaž Erjavec, "Jožef Stefan" Institute, Dr. Simon Krek, Amebis d. o. o. Kamnik, "Jožef Stefan" Institute, Dr. Špela Vintar, Faculty of Arts, University of Ljubljana, and Dr. Jerneja Žganec Gros, Alpineon d. o. o. Contributors.

[55] Georg Rehm and Hans Uszkoreit. Multilingual Europe: A challenge for language tech (večjezična Evropa: izziv za jezikovne tehnologije). *MultiLingual*, 22(3):51–52, April/May 2011.

[56] Spiegel Online. Google zieht weiter davon (Google še vedno pušča vse ostale za seboj), 2009. http://www.spiegel.de/netzwelt/web/0,1518,619398,00.html.

ČLANSTVO V META-NET
META-NET MEMBERS

Avstrija	Austria	Zentrum für Translationswissenschaft, Universität Wien: Gerhard Budin
Belgija	Belgium	Computational Linguistics and Psycholinguistics Research Centre, University of Antwerp: Walter Daelemans
		Centre for Processing Speech and Images, University of Leuven: Dirk van Compernolle
Bolgarija	Bulgaria	Institute for Bulgarian Language, Bulgarian Academy of Sciences: Svetla Koeva
Ciper	Cyprus	Language Centre, School of Humanities: Jack Burston
Češka	Czech Republic	Institute of Formal and Applied Linguistics, Charles University in Prague: Jan Hajič
Danska	Denmark	Centre for Language Technology, University of Copenhagen: Bolette Sandford Pedersen, Bente Maegaard
Estonija	Estonia	Institute of Computer Science, University of Tartu: Tiit Roosmaa, Kadri Vider
Finska	Finland	Computational Cognitive Systems Research Group, Aalto University: Timo Honkela
		Department of General Linguistics, University of Helsinki: Kimmo Koskenniemi, Krister Lindén
Francija	France	Centre National de la Recherche Scientifique, Laboratoire d'Informatique pour la Mécanique et les Sciences de l'Ingénieur and Institute for Multilingual and Multimedia Information: Joseph Mariani
		Evaluations and Language Resources Distribution Agency: Khalid Choukri
Grčija	Greece	R.C. "Athena", Institute for Language and Speech Processing: Stelios Piperidis
Hrvaška	Croatia	Institute of Linguistics, Faculty of Humanities and Social Science, University of Zagreb: Marko Tadić
Irska	Ireland	School of Computing, Dublin City University: Josef van Genabith
Islandija	Iceland	School of Humanities, University of Iceland: Eiríkur Rögnvaldsson
Italija	Italy	Consiglio Nazionale delle Ricerche, Istituto di Linguistica Computazionale "Antonio Zampolli": Nicoletta Calzolari
		Human Language Technology Research Unit, Fondazione Bruno Kessler: Bernardo Magnini
Latvija	Latvia	Tilde: Andrejs Vasiļjevs
		Institute of Mathematics and Computer Science, University of Latvia: Inguna Skadiņa

Litva	Lithuania	Institute of the Lithuanian Language: Jolanta Zabarskaitė
Luksemburg	Luxembourg	Arax Ltd.: Vartkes Goetcherian
Madžarska	Hungary	Research Institute for Linguistics, Hungarian Academy of Sciences: Tamás Váradi
		Department of Telecommunications and Media Informatics, Budapest University of Technology and Economics: Géza Németh and Gábor Olaszy
Malta	Malta	Department Intelligent Computer Systems, University of Malta: Mike Rosner
Nemčija	Germany	Language Technology Lab, DFKI: Hans Uszkoreit, Georg Rehm
		Human Language Technology and Pattern Recognition, RWTH Aachen University: Hermann Ney
		Department of Computational Linguistics, Saarland University: Manfred Pinkal
Nizozemska	Netherlands	Utrecht Institute of Linguistics, Utrecht University: Jan Odijk
		Computational Linguistics, University of Groningen: Gertjan van Noord
Norveška	Norway	Department of Linguistic Literary and Aesthetic Studies, University of Bergen: Koenraad De Smedt
		Department of Informatics, Language Technology Group, University of Oslo: Stephan Oepen
Poljska	Poland	Institute of Computer Science, Polish Academy of Sciences: Adam Przepiórkowski, Maciej Ogrodniczuk
		University of Łódź: Barbara Lewandowska-Tomaszczyk, Piotr Pęzik
		Department of Computer Linguistics and Artificial Intelligence, Adam Mickiewicz University: Zygmunt Vetulani
Portugalska	Portugal	University of Lisbon: António Branco, Amália Mendes
		Spoken Language Systems Laboratory, Institute for Systems Engineering and Computers: Isabel Trancoso
Romunija	Romania	Research Institute for Artificial Intelligence, Romanian Academy of Sciences: Dan Tufiş
		Faculty of Computer Science, University Alexandru Ioan Cuza of Iaşi: Dan Cristea
Slovaška	Slovakia	Ľudovít Štúr Institute of Linguistics, Slovak Academy of Sciences: Radovan Garabík
Slovenija	Slovenia	Jožef Stefan Institute: Marko Grobelnik
Španija	Spain	Barcelona Media: Toni Badia, Maite Melero
		Institut Universitari de Lingüística Aplicada, Universitat Pompeu Fabra: Núria Bel
		Aholab Signal Processing Laboratory, University of the Basque Country: Inma Hernaez Rioja
		Center for Language and Speech Technologies and Applications, Universitat Politècnica de Catalunya: Asunción Moreno

		Department of Signal Processing and Communications, University of Vigo: Carmen García Mateo
Srbija	Serbia	University of Belgrade, Faculty of Mathematics: Duško Vitas, Cvetana Krstev, Ivan Obradović
		Pupin Institute: Sanja Vraneš
Švedska	Sweden	Department of Swedish, University of Gothenburg: Lars Borin
Švica	Switzerland	Idiap Research Institute: Hervé Bourlard
Velika Britanija	UK	School of Computer Science, University of Manchester: Sophia Ananiadou
		Institute for Language, Cognition and Computation, Center for Speech Technology Research, University of Edinburgh: Steve Renals
		Research Institute of Informatics and Language Processing, University of Wolverhampton: Ruslan Mitkov

Skoraj 100 strokovnjakov – predstavnikov držav in jezikov, zbranih v okviru projekta META-NET – je na srečanju v Berlinu 22. in 23. oktobra 2011 razpravljalo o ključnih rezultatih in sporočilih zbirke Bela knjiga META-NET in jo dokončno oblikovalo. — About 100 language technology experts – representatives of the countries and languages represented in META-NET – discussed and finalised the key results and messages of the White Paper Series at a META-NET meeting in Berlin, Germany, on October 21/22, 2011.

ZBIRKA BELA KNJIGA META-NET THE META-NET WHITE PAPER SERIES

angleščina	English	English
baskovščina	Basque	euskara
bolgarščina	Bulgarian	български
češčina	Czech	čeština
danščina	Danish	dansk
estonščina	Estonian	eesti
finščina	Finnish	suomi
francoščina	French	français
galicijščina	Galician	galego
grščina	Greek	ελληνικά
hrvaščina	Croatian	hrvatski
irščina	Irish	Gaeilge
islandščina	Icelandic	íslenska
italijanščina	Italian	italiano
katalonščina	Catalan	català
latvijščina	Latvian	latviešu valoda
litvanščina	Lithuanian	lietuvių kalba
madžarščina	Hungarian	magyar
malteščina	Maltese	Malti
nemščina	German	Deutsch
nizozemščina	Dutch	Nederlands
norveščina bokmål	Norwegian Bokmål	bokmål
norveščina nynorsk	Norwegian Nynorsk	nynorsk
poljščina	Polish	polski
portugalščina	Portuguese	português
romunščina	Romanian	română
slovaščina	Slovak	slovenčina
slovenščina	Slovene	slovenščina
srbščina	Serbian	српски
španščina	Spanish	español
švedščina	Swedish	svenska

MIX
Papier aus verantwortungsvollen Quellen
Paper from responsible sources
FSC® C105338

If you have any concerns about our products,
you can contact us on
ProductSafety@springernature.com

In case Publisher is established outside the EU,
the EU authorized representative is:
Springer Nature Customer Service Center GmbH
Europaplatz 3, 69115 Heidelberg, Germany

Printed by Libri Plureos GmbH
in Hamburg, Germany